教室で教えるということ

岩垣 攝／子安 潤／久田敏彦

八千代出版

まえがき

　最近「東大・京大で1番読まれた本」として、外山滋比古著『思考の整理学』(ちくま文庫)が紹介されている。そこに「グライダー」という題名の小論がある。

　「学校はグライダー人間の訓練所である。飛行機人間はつくらない」と指摘し、学校の優等生はグライダーとして優秀なのであると論じている。

　「学校の生徒は、先生と教科書にひっぱられて勉強する。自学自習ということばこそあるけれども、独力で知識を得るのではない。いわばグライダーのようなものだ。自力では飛び上がることはできない」(11頁)。

　この指摘に続いて、ものごとを発明、発見したり、新しい文化を創造したりするためには、「飛行機能力」が不可欠であると述べている。

　自力で知識を得るために必要なことは、自己のもつ知識や技能を道具にして、自ら真実を探究するということである。しかしそれだけでは、真実を究めることはできない。同時に、他者と共同することが不可欠である。つまり、他者と対話をしながら、共同で探究するということがなければ、真実を究めることは不可能なのである。そのため、学校で「飛行機能力」を育てようと思えば、共同探究型の授業が必要となる。

　この共同探究型の授業観が、今日求められている新たな授業観でもあるといえる。この授業によって子どもたちは、共同で真実を探究し、それにもとづいて社会に批判的に参加すること

が可能となるからである。

　この授業観の授業を実践に移すときに、考えなくてはならない問題がある。それらの問題に対して、本書の内容は有効な実践指針を与えてくれるものと確信している。たとえば、以下のような問題である。

・共同探究型の授業においては、教師の指導性が問題となる。教師は、共同探究者として子どもと対等な関係を保ちつつ、指導的な立場に立たなくてはならない。このジレンマを実践上、どう解決すればいいのか。
・学力観の違いがあることを踏まえて、どんな学力観のもとで授業を組み立て、学力を形成すればいいのか。
・学び合いの共同探究が成立するためには、そのことをどうしても解明したいという探究者間の利害の一致があることが不可欠である。そのような素材や課題をどのように見つけだしていくのか。
・さらに、どのように対話的な関係をつくり、対話の作法を指導していくのか。
・今までの学習集団論を批判的に検討したうえで、知の共同探究のために、授業で子どもの参加をどのように指導するのか。

　これらの問題は、解明の急がれる問題である。確かにこれらは、授業実践の中でより細かに検討されなくてはならないものではあるが、しかし本書は、そのための一里塚ということができるかもしれない。教室授業を構想し実践するための指針としてお役に立てば、幸いである。

末筆ながら、子安潤、久田敏彦の両氏には、本書の出版にあたって多大なご尽力をいただいた。感謝申し上げたい。

　　　　　　　　　　　　　　　　　　　　　　岩垣　攝

目　　次

まえがき　i

第1章　共同探究型の授業と教師の指導性を考える……1
　第1節　啓蒙型の授業の特徴　*1*
　第2節　啓蒙型の授業における教師の指導性　*3*
　第3節　共同探究型の授業への転換　*6*
　第4節　共同探究型の授業における教師の姿勢　*9*
　第5節　共同の探究に誘うための教師の働きかけ　*13*
　まとめ　戦後の授業観の変遷と教師の指導性の転換　*18*

第2章　変わる学力・人間像と変わる教科内容……21
　　　　　―基礎学力とリテラシーとコンピテンシーの間―
　第1節　教育と人間像　*21*
　第2節　教科と授業時間数の歴史的変化　*24*
　第3節　産業の必要と国民づくりからの出発　*29*
　第4節　能力主義から多元的能力主義へ　*33*
　第5節　学力・リテラシーの対抗構造　*38*
　まとめ　変わる学力・人間像と変わる教科内容　*45*

第3章　子どもの生活から授業をつくる……47
　第1節　生活のどこを見るか　*47*
　第2節　子どもの生活から学ぶ理由　*49*
　第3節　学級に生活を引き出す仕組みをつくる　*52*
　第4節　生活の言葉の意味を問い返す　*55*
　第5節　暮らしを調べ・学ぶ　*60*
　第6節　学びを多彩な活動にする　*62*
　まとめ　子どもの生活から授業をつくる　*64*

第4章　対話的な関係・対話的な授業をつくる……67
　第1節　学びはコミュニケーション過程　*67*
　第2節　コミュニケーションと対話　*69*

第3節　問答と対話の話法　　*76*
　　第4節　対話的関係を始める　　*80*
　　第5節　対話的な関係につなぐ　　*84*
　　まとめ　対話的な授業をつくる　　*87*

第5章　学級を問い直す……………………………………*89*
　　　　　　―学級の「近代」と「現代」―
　　第1節　「学級の『近代』と『現代』」という問題意識　　*89*
　　第2節　制度・制度性格としての学級の変遷　　*93*
　　第3節　編成行為の対象としての学級　　*99*
　　第4節　探究されてきた学級の意味　　*106*
　　第5節　差異を含んだ多元的な共同のかたちの
　　　　　　基盤としての学級　　*115*
　　第6節　学級の「近代」から「現代」へ　　*121*
　　まとめ　学級とは何か　　*123*

第6章　子どもの参加と授業づくり……………………*133*
　　　　　　―学習集団論を手がかりにして―
　　第1節　あらためて問われる「参加と学習集団」　　*133*
　　第2節　学習集団論における参加とは何か　　*140*
　　第3節　子どもの参加と授業づくりの視点　　*151*
　　まとめ　子どもの参加と授業づくり　　*162*

あ と が き　　*169*

第1章

共同探究型の授業と教師の指導性を考える

　近年、授業観の転換というスローガンのもとで、授業の改革が提唱されている。この授業観の転換には、授業の目的および教師と子どもの関係などの変更がともなうので、教師の指導のあり方もまた、必然的に変わらざるを得ない。

　今日の授業観の転換のねらいは、基本的に、授業における啓蒙主義を止めようということにある。つまり啓蒙型の授業を転換して、共同探究型の授業を目指すというものなのである。したがって教師の指導性も、やはり検討され、転換されなくてはならない。そこでは、従来の啓蒙型の授業に対応した教師の指導性ではなく、共同探究型の授業にふさわしい教師の指導性とは何かが問われなくてはならないのである。

第1節　啓蒙型の授業の特徴

　そこでまず最初に、転換が求められた啓蒙型の授業とはどのようなものなのか、その特徴を見てみよう。

　まず第一の特徴は、啓蒙すべき真理がいつも教師の側にあるということである。そのため、授業というものは、それを子ど

もに普及する場であると考えられている。したがって、子どもにとっては、真理は、教師から与えられるものだという意識がつくり出される。

　そこでは、子どもは教師と共同して真理を探究するのではなくて、教師の持つ「真理」をそのまま正しい答えとして認め、受け容れようとする。そのため、教師が問いを出すと、子どもたちは正答を言い当てようとして、教師にヒントを求めたり、机上の教科書や参考書をぱらぱらとめくり始めたりする。そこには、問いを自分の頭で考えて答えようとしない子どもの姿がある。

　啓蒙型の授業の第二の特徴は、子どもを啓蒙の対象にするということである。子どもは無知な存在であるために、何よりも教師が教え、真理を普及することが優先される。したがって子どもは、学ぶだけの存在となる。「先生は教える人、子どもは学ぶ人」という関係が成立するのである。

　この関係のもとでは、教師の教えやすさが何よりも追求される。教師は、子どもをつまずかせることなく、確実に真理の受容に導いていくために、教えやすいように授業を工夫することになる。その結果、教えやすいように教師が授業の内容を練り上げ、教えやすいように教師が授業の過程を構想することになるのである。

　一方、子どもはその教師の敷いたレールの上を、教師の指導言どおりに進むことになる。この授業の内容や過程に子どもが関与することは、基本的には認められない。子どもは、教師によって啓蒙される対象ではあっても、教師と共同して真理を探究する存在ではないからである。

このように啓蒙型の授業では、子どもは、教師の持つ知識の真理性を自ら問い直すことはなく、その知識を「正しいもの」として受け容れることになる。ここに欠けていることは、既成の知識の真理性を問い直しながら、子どもたちが教師と共同して真理を探究するということである。

第2節　啓蒙型の授業における教師の指導性

このような啓蒙型の授業においては、教師の指導性はどのように発揮されているのだろうか。啓蒙型の授業の場合にも、その指導は、やはり子どもを学習に誘(いざな)うものでなくてはならない。教師の持つ知識を強制的に受け容れさせるのではなくて、子どもの学習活動をさそって、知識を受け容れさせていくように働きかけていかなくてはならないからである。この学習に誘う働きかけこそが、指導と呼ぶことのできるものなのである。このような指導のとらえ方は、指導と管理を区別する必要から生まれてきた[1]。

指導と管理を区別しなくてはならないという主張は、1970年代後半に管理主義教育が社会問題化される中で行われた。管理主義的な指導とは異なる、本来の指導とは何かが問われたのである。そして次のような2つの特質が明らかにされた。

指導が持つ第一の特質は、子どもを誘うことやそそのかすことであり、子どもにやる気を起こさせることである。第二の特質は、自ら判断し行動する自由な子どもたちに対して、その判断や行動に非強制的に働きかけることだということである。

したがって、管理が子どもから拒否されてはいけないという

特質を持つのに対して、指導は、子どもから拒否されてもいいという特質を持っている。つまり指導というものは、子どもに拒否する自由を保障しながら、学習に誘う教師の働きかけなのである。

この指導の特質は、啓蒙型の授業における教師の指導のもとでも備わっていなければならない。啓蒙型の授業といえども、教師は、子どもに拒否されないように、学習に誘うことが必要なのである。学習に誘うことで、教師の持つ知識は子ども自身に受け容れられていくことになるからである。

しかしこの啓蒙型の授業における「誘い」には、問題がある。それは、啓蒙型の授業が教師の持つ知識の普及を目指しているために、そこでの「誘い」は、その教師の持つ知識の受容に向けて行われることになるからである。教師の持つ知識こそが正しいという前提に立っているので、その知識が受容されるまでは、とにかく教師が、子どもの学習を「誘い」続けることになる。そのため、教師の持つ知識の受容まで、子どもを「誘い」続けるための特殊な会話が、教室で多く見られることになる。

このような教室会話の特殊性を説明する際に、「IRE連鎖」という概念がよく用いられている。松下佳代氏によれば、「IRE連鎖とは、教育社会学者ミーハン（H. Mehan）が教室の観察を通じて定式化した教室会話の単位である」として、このIRE連鎖について次のように述べている。

> 「IREとは『開始（Initiation）－応答（Reply）－評価（Evaluation）』のことである。教室ではたいてい、教師が発問・説明・指示などによって会話を『開始』し、生徒がそれに『応答』し、それを教師が『評価』する」[2]。

そしてこのIRE連鎖の一例として、次のような教室会話をあげている。

　「『北海道の気候は？』　教師が問いかける。………… I
　『寒い』
　『寒冷』　子どもたちが答える。………………… R
　『そうだな』と教師は板書する。………………… E
　『開拓の歴史は？』　教師がまた問いかける。……… I
　『新しい』　子どもたちは教科書を見て答える。…… R
　教師は板書する。……………………………… E」[3]

さらに続けて、IRE連鎖による教室会話には、次のような2つの特徴が見られると指摘している。

まず第一には、「教室会話では、知っている人（教師）が知らない人（生徒）に尋ねる。しかも、その応答に対して、尋ねた人は正否を判断し評価する」。

第二には、「教室会話においては、会話の主導権が変わることがない。会話の展開を組織し、話者の選択や発言順序の決定を行うのは、会話の主導権を握る教師である」[4]。

このような教室会話の特徴は、啓蒙型の授業の中でも見られる。

啓蒙型の授業は、すでに述べたように、教師の持つ知識を正しいものとして子どもに普及することを目指す。そのために、子どもの応答に対する教師の評価は、自己の持つ正答を基準にして行われることになる。この子の答えは正しいとか、間違っているとかの評価である。子どもの答えを間違っていると評価すると、教師の予想した正答が出てくるまで、子どもに問い続けることになる。

教師が子どもの応答を評価するということ自体が、問題なのではない。評価によっては、子どもと共同して真理を探究する授業をつくり出すことも可能である。しかし啓蒙型の授業においては、その評価が教師の持つ正答に向けて子どもを誘うためにのみ用いられるということが問題なのである。

　さらに、IRE連鎖の教室会話では、会話の主導権が教師に握られていて、変わることはないという特徴を持つ。そのため、そこでは対等な人間関係のもとでの対話は成立しない。啓蒙型の授業においても、「教師が教え、その教えを受けて子どもが学ぶ」という関係が存在する。そのため教師自身が、教室会話を組織したり、発言者を決定したりする。教師が、この教室会話の主導権を握ることによって、自己の持つ正答に向けて子どもの学習を「誘い」続けることになるのである。

　啓蒙型の授業においても、教師の指導は、確かに子どもに拒否されないように学習に誘う働きかけではあるが、しかしその働きかけは、教師の持つ知識の受容に至るまで、子どもを「誘い」続けるものなのである。そこでの指導は、説得に説得を重ねて、教師の持つ知識を子どもに受容させるということになる。教師の持つ知識が正しいものとして子どもに受容されるときに、啓蒙型の授業は成功したということができる。そこには、教師と子どもが共同して真理を探究していくという教室風景は見られない。

第3節　共同探究型の授業への転換

　この啓蒙型の授業で身につける学力では、これからの変化の

激しい社会に対応することはできない。そのため、啓蒙型の授業から共同探究型の授業へと授業観を転換することが求められたのである。

これからの社会は情報社会であり、その特質は、知識を情報として大量に生産し消費することにある。しかし「メディアが伝える情報は、取捨選択の連続によって現実を再構成した恣意的なものであり、特別な意図がなくても、制作者の思惑や価値判断が入り込まざるを得ない」[5] ものなのである。情報は、現実そのものではなく、送り手の観点からとらえられた見方の一つにしかすぎない。また何かを伝えることは、同時に何かを伝えないことでもある。

この情報の持つ特性を考えるならば、情報社会に生きるうえで必要なものは、情報として伝えられる知識の真理性をたえず問い直し、批判的に吟味する力であるということができる。「教師や権威者がいうことだから正しい。だからそれを受け容れればいいのだ」という受容の姿勢では、これからの情報社会を生きていくことはできない。必要なのは、既成の知識の真理性を問い直しながら、あらためて他者と共同して真理を探究していく力なのである。この力を学校で育てていくために、現在、何よりも共同探究型の授業が求められ、提唱されているのである。

科学教育の分野でも、「科学的認識は社会的認識である」という命題のもとで、以前から「仮説実験授業」の必要性が主張されている。そこでは、既成の知識の真理性を問い直しながら、他者と共同してあらためて真理を探究するという姿勢が貫かれている。

板倉聖宣氏は、「社会的認識としての科学」について述べる中で、「クラスの多くの児童・生徒たちに十分納得のいくような形で証明されていない法則や理論は、それらのクラスにとって科学であると主張することはできない」6)ということを指摘している。

　この指摘によれば、法則や理論が正しいものとして証明され、子どもたちの間で合意されるときに、それらは、初めてその子たちにとって科学として認められることになるのである。そのため、次のことが重要となる。

　「科学上ですでに確立されている理論・法則といえども可能なかぎり、生徒たちの先入観や常識と相並ぶ1つの仮説として導入され、科学上の理論や法則が常識的な考え方よりもはるかに正確で有効なものであることを身をもって体験させるように指導しなければならないのである」7)。

　ここでは、他者と対等な立場で討論し、合意をつくり出すことが何よりも重要なことなのである。予想の真否の判定のために実験し証明することも、「それが正しい」という合意をつくり出すための一つの手段だとも考えることができる。科学的な認識をつかみ取るためには、他者と討論して、合意をつくり出す能力が必要となるのである。そのためには、「従来の科学、常識や先入観にとらわれない社会的に自由な立場」、「社会的な反対をも克服しうるような強い意志」が求められる。

　そして板倉氏は、理科教育についても、そのための社会的な訓練が必要であるとして次のように述べている。

　「科学教育は、自然についての知識や個人で自然を研究する方法を訓練するのみでなく、上述のような社会的な訓練をも必

要とするものといわなければならない」[8]。

このように科学教育においても、既成の知識の真理性を疑い、他者と共同してあらためて真理を探究するという共同探究型の授業が求められているのである。

第4節　共同探究型の授業における教師の姿勢

共同探究型の授業においては、教師がどのような指導上の姿勢を取るべきなのかを次に見てみよう。

まず第一には、教師がいつも真理を持っており、それを子どもに普及すればいいという指導上の姿勢は取らないということである。

科学教育においても、「科学上すでに確立されている理論・法則といえども、子どもたちの先入観や常識と相並ぶ一つの仮説として導入されるべきだ」という主張がなされているが、その背後には、討論を重視して、教師と子どもが共同して真理を求めていくという姿勢が見られる。真理の探究において討論を重視するということは、「真理成立の条件として合意を位置づける」真理観に合致しているということができる。

この真理観について、島崎隆氏は次のように主張している。

「真理は反映か合意かという問いに対しては、真理は社会共同的な合意を条件にした反映であるといえる」[9]。

この真理観のもとでは、真理をやはり対象の正確な反映としてとらえながらも、しかし同時にその真理成立の条件として合意を位置づけている。真理を獲得するためには、様々な調査結果や実践結果を互いに持ち寄って討論をし、納得して「それが

正しい」という合意をつくり出すことが必要だということなのである。しかもここでの合意については、探究者が相互に対等に討論し、その結果得られるものでなくてはならないということも指摘されている。このことは、「対話者が相互に納得し、合意しあうことと、客観的な真理や事実が共同的にとらえられることとは、対応しあうはずである」[10] ということを意味する。

　真理の成立条件として合意を位置づけることは、「権威者が言うことだから絶対に正しい。それを論議することはタブーだ」という意識を払拭することができる。そのため、合意を重視した真理観に立つときに、教師は、「真理がいつも自分の側にあり、それを子どもに普及すればいい」という指導上の姿勢と決別することができる。

　こうして、既成の知識の真理性を鵜呑みにするのではなくて、あらためて教師と子どもが対等に討論しながら、その真理性を問い直していくということが、授業の中で実現されることになるのである。

　第二に、共同探究型の授業において教師が取ってはならない指導上の姿勢は、子どもを啓蒙の対象と位置づけて、教師の教えを受けて学ぶだけの存在としてとらえないということである。

　共同探究型の授業にとって不可欠なことは、教師と子どもが探究者として対等であるということである。両者が対等な関係のもとで問題を提起し、仮説を立てて、討論を展開できるときに、共同探究型の授業は成立する。そのために問題となるのは、教室での討論のあり方である。

　対等な討論を可能にするものは、どのようなタイプのコミュニケーションなのだろうか。島崎隆氏は、「民主的な市民社会

にふさわしい対話の論理と倫理のあり方」について述べた箇所で、理想的なタイプのコミュニケーションとして「対話型のコミュニケーション」を取り上げている。そして次のように、その特徴を述べている。

「これは、一方的な自己主張によって説得し、コントロールするのでもなければ、自己主張を欠いた沈黙によってただ相手を受容したり、暗黙のうちに拒否したりするものでもない」[11]。そこで「なによりも重要なのは、……問題になっているテーマの深化と解明に関して、私の考えだけでは不十分であり、他者の考えが必要であり、そのために相互の対話が望まれるということである。私の考え、問題意識やセンスはそれだけでは一面的で限界があり、つねに他者によって補完されるべきであるという自覚が重要である」[12]。

この対話型のコミュニケーションが成立するためには、対話者が「方法論的相対主義」の姿勢を貫くことが重要である。つまり「どれほど自分の主張に自信をもっていても、他人と対話や議論をするときは自分の意見の絶対性をカッコにくくって、これはたんに自分の意見であり、真理かどうかはこれから検討される」[13] という姿勢を貫くことなのである。対話の方法としてこの相対主義が守られなければ、対等な関係での討論、つまり対話は成立しないのである。

共同探究型の授業においても、教師と子どもが共に方法論的相対主義の姿勢を貫くことがなければ、対話が成立しない。対等な関係のもとでの討論があってこそ、合意を形成しながら、真理に接近していくことが可能となるのである。

とりわけ教師は、その指導上の姿勢として方法論的相対主義

の立場に立つことが重要である。ややもすると、教師は自分の側に真理があるとして、自己の意見の絶対性にこだわりがちである。そうであればあるほど、そこには対話は生まれない。教師の予想と異なる意見が子どもから出てきたときには、それは、「間違った意見」としてではなく、「自分とは異なる意見」として尊重されなければならない。

このように共同探究型の授業においては、方法論的相対主義の立場に立つことが教師の指導上の姿勢として要請される。

第三に、共同探究型の授業で教師が取ってはならない指導上の姿勢は、対等な関係のもとでの対話が必要だからといって、教師の指導性が放棄されてはならないということである。

共同での探究が成立するためには、すでに述べたように、教師と子どもがそれぞれ自己の持つ知識の不完全さを自覚していることが必要であった。自己の知識が不完全であると自覚するからこそ、それを補完するために、両者は対等な関係のもとで探究を行うわけである。

しかしながら、ここで問題となるのは、教師が子どもと同じように不完全な知識しか持たないままで、指導的な立場に立つことができるかということである。

一般的にいって、指導者と被指導者との間には、指導にかかわる何らかの優位な差があるからこそ、指導者は、指導的な立場に立つことができるのである。啓蒙型の授業においては、教師が知識の所有者であり、子どもは無知であるという知識の差を背景にして、教師の指導的立場は確保されている。しかし共同探究型の授業では、教師は、自己の持つ知識が不完全だという自覚のもとで授業を行うために、子どもとの知識の差を背景

にして指導的立場を確保することは不可能である。

　しかし共同探究型の授業でも、教師の指導性は発揮されなくてはならない。その指導的な立場を支えるものは、何なのであろうか。

　確かに、教師と子どもの共同探究が成立するためには、何よりも両者が、自己の知識の不完全さを自覚していることが必要である。しかし、さらに教師には、この自覚のうえに立って、その不完全さを積極的に解消していこうとする前向きさが必要になる。この前向きさにおいて子どもにまさり、両者の間に差があることが、共同探究型の授業を支える教師の要件だということができる。何かをもっと追求したい、何かをもっと獲得したい、何かをもっと問い続けたいという「前向きの不完全さ」[14]が、教師の指導的な立場を支えてくれるものなのである。教師は、この前向きさにおいて子どもよりも優位に立つからこそ、子どもを指導することができるのである。

　共同探究型の授業においては、この「前向きの不完全さ」が教師の指導上の姿勢として求められる。

第5節　共同の探究に誘うための教師の働きかけ

　共同探究型の授業では、教師は、すでに述べたような指導上の姿勢を保持しながら、子どもの指導を行うのである。その際忘れてはならないことは、子どもは教師と対等な関係のもとで共同して探究を行う存在であるということである。

　子どもと対等な関係のもとで共同探究を行う限り、教師の指導はやはり強制的なものであってはならない。そこには、教師

の指導を拒否する自由が子どもに保障されていなくてはならないのである。そのためここでの指導の特質も、子どもを誘い、やる気を起こさせることなのである。

しかし啓蒙型の授業のように、教師の持つ知識を受け容れさせるために、子どもを学習に誘うことではない。共同探究型の授業における教師の指導は、子どもを共同の探究に誘うことなのである。子どもを探究に誘うことを通して、共同して真理をつかみ取ることが目指されるのである。

子どもを共同の探究に誘うことが成功するためには、どのような働きかけが必要となるのだろうか。そのための重要な働きかけを次に見てみよう。

何よりもまず大切なことは、教師と子どもにとって当事者性のある探究課題を準備することである。言い換えると、教師や子どもたちの利害に直接かかわる課題を設定するということである。

共同探究者の間で基本的な利害の一致が存在するかどうかが、共同の探究の成否を決定する。利害の一致があるからこそ、課題解決の当事者として、相互に協力し合う関係が生じるのである。そのために、自己の見解に固執することなく、進んで他者の見解にも学びながら、よりよい見解をつくり上げていくことができるようになる。敵対的な論争から相互協力的な論争への転換点は、まさに探究者間の利害の一致にある。

そのうえで、両者が当事者としてその課題を探究し、解決していくように子どもたちに働きかけることが必要なのである。子どもたち自身が課題解決のための当事者にならなければ、共同の探究は始まらないからである。

そのため、たとえば仮説実験授業の場合には、科学上の理論や法則といえども、それを子どもたちの先入観や常識と並ぶ一つの仮説として導入することが提唱されている。そうすることで、それらの間の矛盾が明らかになり、あらためてその真理性が問われることになるからである。

　また小学校3年の社会科の授業で、地域の「川の水がなぜよごれ、少なくなっていったのか」というテーマで、自然破壊の進行の原因を探究するときに、事前に、おじいさんやおばあさんに昔の川の様子を聞いてくることを課題として出している。その結果、昔の川は、水も澄んで深く、泳ぐことができたり、魚も多くいたことなどがわかり、そのことで、そんなにいい川がどうしてよごれてしまったのか、その原因を子どもたちが意欲的に探究し始めたのである[15]。

　このように、子どもを探究の当事者にするための働きかけが、共同探究型の授業を成功させるためには必要なのである。

　松下佳代氏がニストランドらの研究にもとづいて「対話的会話の成立に影響する変数」を紹介しているが、そのうちの一つの変数に同じような主張が見られる。その変数とは、「本心からの質問：質問者が前もって答えを決めていない質問――それは通常での教室の質問とは異なる――がどのくらい行われているか」[16]というものである。

　この「本心からの質問」は、子どもにとって探究に値するものであり、子どもを探究の当事者に変え、教師との共同の探究に誘うことになる。そのため、教室で相互協力的な対話が行われ、教師と子どもの学び合いが成立するのである。

　さらに、子どもを共同の探究に誘うための教師の働きかけは、

論拠のともなった発言をさせることである。

　共同の探究において欠かせないことは、探究者が相互に学び合うということである。この学び合いが成立するためには、ただ主張をするだけでなく、その論拠を出し合うことが必要なのである。探究者が、互いに「自己の主張の客観性はどこに求められるのか、なぜ相手は自分と違う主張や発想をするのか」を考えながら対話をするときに、学び合いは成立するのである。

　このような論拠のともなった発言が子どもたちの間でできるようになるためには、まず最初に教師自身が子どもの発言を聴くということが必要である。佐藤学氏は、「『聴く』ことこそが、授業における教師の活動の中核なのである」と指摘し、「聴く」ことを次のように意味づけている。

　「子どもの発言を『聴く』ということは、次の三つの関わりにおいて発言を受け止めることを意味している。一つはその発言がテキストのどの言葉に触発されたものなのかを認識すること、二つ目はその発言が他の子のどの発言に触発されたものなのかを認識すること、そして三つ目はその発言がその子自身のその前の発言とどうつながっているのかを認識することである」[17]。

　このことは、子どもの発言が何を論拠にしてなされているのかを注意深く聴くということを意味する。もしも子どもの発言に論拠がともなわないときには、テキストのどこで、また他者のどの発言でそう考えたのか、そしてその子の以前の考えとどうつながっているのかを教師が問いかけることも必要なのである。教師の問いかけによって、子どもの発言をテキストに、仲間の発言に、またその子の以前の考えにつないでいく、いわば

「つなぐ」役割をまずは教師が担わなくてはならないのである。

　たとえば小学校1年生の国語の授業で、教師が箱を取り出して、「これに何が入っていると思うかな？」と発問したとき、ある子どもが「マッチだと思う」と答える。すぐに教師が「どうして、あなたはマッチだと思った？」と問いかけ、その子が「ちっちゃいから」と答えている。この直後に教師は「なるほど。あなた、でも、すごいよ。物を見たときに、このくらいの箱だから、（手で示しながら）こんな大きな物は入っていないと判断できるよね、形から」とその子の発言を評価している[18]。

　この事例からもわかるように、子どもの発言に論拠がともなわないので、すぐに教師は、その子の発言をその子の以前の考えにつなぎ、論拠を明確にさせているのである。

　しかし、いつまでも教師がこの「つなぐ」役割を担っていてはならない。子ども自身が自分たちで発言をつないで、論拠を明確にしながら、対話を続けることができるように指導しなくてはならない。

　そのためには、教師の評価が重要となる。論拠のともなった発言が出れば、その発言を積極的に評価することである。また子どもたちの側から、何を論拠にしてそう考えたのかと問いかけて、テキストや他者の発言などにつなぐ役割を果たすようになってきたときにも、その役割の素晴らしさを積極的に評価することである。

　こうして、子どもたちがテキストや他者の発言や自己の以前の考えを論拠として、発言することができるようになったときに、教師や子どもたちの間で学び合いが成立し、共同の探究が展開されることになるのである。

まとめ　戦後の授業観の変遷と教師の指導性の転換

　1945年8月の敗戦後に「新教育」が始まり、授業観も変わった。戦前の授業が「知識」偏重の詰め込み主義であったことを反省して、これからの授業は、よりよき社会生活を営むために必要な諸経験を与えることを目的とした。この経験の中で必要な知識を習得させるという考えであった。しかもこの経験は、強制ではなく、子どもの自発的な活動によって得られるものでなくてはならないということが強調された。子どもの自発性が重視されるために、教師の指導は後退することになる。そこでの指導は、後見人として子どもの自発的な活動を援助するにすぎない。まさに「援助」としての指導である。

　その後に「新教育」批判が始まる。子どもの自発性を重視して授業が行われるとき、指導が後退し「援助」にとどまるだけではなく、知識を系統的に指導していくことも困難となるという批判である。そこでは、強制があったとしても、知識は系統的に教えられるべきであるということが強調されたのである。この授業観のもとでは、指導は「教育的強制」として機能することになる。その指導は、確かに子どもの学習活動を強制することではある。しかしその強制は、子どもが知識の学習に対して興味や関心を持つようにするためなのである。子どもの興味や関心を待つのではなく、育むことが目指されたのである。

　しかし管理主義教育が横行する中で、「教育的強制」としての指導についても見直しが始まった。見直しの結果、指導とは、有無をいわせずに強制することではなく、子どもを学習に誘うことであるということが指摘された。「誘い」としての指導である。「誘い」は、子どもに拒否の自由を認めるものでもある。

　ここでの授業は、教授・学習過程としてとらえられている。この授業観のもとでは、知識の教授が次のように考えられている。教師は確かに「知識の所有者」であるが、しかし教師の教授行為が、子どもを学習に誘うことに成功しない限り、知識は子どものものにならないということである。学習するのは子どもだから、教師の指導は、子どもを学習に誘うことなのである。

　今日、授業は、教師と子どもが共同して真理を探究する過程

であるととらえられてきている。この授業観のもとでも、指導は「誘い」であるが、しかし本章で述べたように、それは「学習」に誘うことではなく、子どもを「共同の探究」に誘うことなのである。

註
1) 城丸章夫著作集編集委員会編『城丸章夫著作集第8巻 教育課程論・授業論』青木書店、1993年、185-189頁参照。
2) 松下佳代「第7章 非IRE型の教室会話における教師の役割―エンパワメントとしての授業」グループ・ディダクティカ編『学びのための教師論』勁草書房、2007年、193頁。
3) 同上書、194頁。
4) 同上書。
5) 菅谷明子『メディア・リテラシー』岩波新書、2001年、vi頁。
6) 板倉聖宣『科学と方法―科学的認識の成立条件』季節社、1981年、215頁。
7) 同上書、217頁。
8) 同上書、218頁。
9) 島崎隆『対話の哲学―議論・レトリック・弁証法』みずち書房、1988年、174頁。
10) 島崎隆『思想のシビルミニマム』大月書店、1991年、181-182頁。
11) 同上書、158頁。
12) 同上書、159-160頁。
13) 同上書。
14) 大田堯「子どもと同じ目線でものを探求しあう―『なぜか』『どう生きるのか』の問いを大事に」『子どもと教育』8月号、あゆみ出版、1992年、12-13頁。
15) 中野譲「ぼくらでつくる『むかしのくらし』の授業」全生研『全生研第35回全国大会紀要』1993年、193-196頁に掲載されている授業記録を参考にした。

16）松下、前掲書、195頁。
17）佐藤学『教師たちの挑戦―授業を創る　学びが変わる』小学館、2003年、15頁。
18）松下佳代「教室における活動システムの相互行為的構成―IRE連鎖の再検討」『群馬大学教育実践研究』第18号、2001年、269頁に掲載されている事例を参考にした。

第2章

変わる学力・人間像と変わる教科内容
―基礎学力とリテラシーとコンピテンシーの間―

第1節 教育と人間像

　教育には、目標としていつも想定されている人間像がある。それは、個々の親が子どもに「優しい子に育ってほしい」とか、「賢い子に育てたい」と個人的に期待するものとは違って、社会が全体として期待する人間像である。個々の親の期待を超えて、社会的に期待される人間像なのである。

　その人間像は、時代と共に変わる。日本の資本主義の勃興期にあたる明治時代と呼ばれるころは、「富国強兵」に対応した人間像がそこにあった。敗戦後の高度成長期にあたる1960年代には「会社人間」と呼ばれる人間像があった。いわゆる「産業主義」的な人間像が支配的であった。そして今、「グローバル化」といわれる時代、これに見合う人間像がそれなりに提起されている。

　こうした人間像は社会の期待であり、その期待が教育に結びついている。それは、人間についての社会的な見方となって、一つのイデオロギーとして作動する。社会的な人間像だからと

いって、抽象的な意味しか持たないわけではない。むしろ、教育制度として具体化されるし、個々の教育の内容や方法としても現れる。また、教える内容それ自体としては同じでも、期待される人間像によってその意味づけが変わることもある。人間像と内容のどちらが先かはともかく、人間像が異なると学校は大きく変わる。教師と子どもの向き合い方も変わる。

　人間像は、社会を支配する人たち（権力・政権担当者）の意向を強く受けるが、一部の人たちの個人的な考え方で決まってしまうものではない。社会のより多くの人たちの合意が得られる内容であることが民主主義社会では必要となる。また、そうでなければうまくいかない。

　ところで、人間像は、明文化された法律やそれに類した文書に言葉として現れるが、そればかりではなく教育の仕方の細部にも現れる。しかも、明文化された文書や制度あるいは教育の方法は、一つの人間像だけでなく、それとは違った人間像を内包していることもある。つまり、社会的に支配的な人間像だけで教育が埋めつくされてしまうかというと、そうではなくて、過去の人間像を引きずっていたり、来たるべき社会を開くような人間像を宿していたりすることもある。

　しかし全体として、教育の目標は、現在の社会状況を前提に設定される。また、支配的な勢力の考え方が前面に出て設定される。だから、来たるべき社会状況から見れば、教育の目標はいつも保守的に見える。そもそも教育の目標は、次の社会を断定して設定することはできないので、そうならざるを得ない。だから、教育の目標はいつも保守的とならざるを得ないが、どんな社会になるかを推測して設定する努力をいつも続けていく

ことになる。だが、未来は未定だから、その推測の範疇に収まったことはない。

　そこで、人々はこの制約を超えるべく知恵を働かせてきた。すなわち、今の社会に適合するだけでなく、その先においても有意義な内容で満たそうとしてきたわけである。つまり、先人の到達した考え方は、多少の時代の変化があっても陳腐とならない教育、つまり普遍性を備えた内容を子どもたちに保障しようとしてきたわけである。人間像も特定の職業や一部の社会階層や役割に合わせるのではなく、将来の職業や役割にかかわらず、義務教育の段階では普遍性の高い内容をこそ伝えていこうとしてきた。あるいは、人と人の社会関係に必要な知恵を設定しようとしてきた。教える内容は、個別の職業的な知識・技術ではなくて、汎用性の高い内容を選択して教えようとしたり、ローカルな範囲からグローバルな範囲までを含んだ、社会生活全体を視野に入れた市民的教養を育てようとしてきたわけである。

　しかし、その汎用性の高い内容が本当にすべての人に汎用性が高かったかどうかについては検討が必要だ。そうしたまなざしを持って、教える内容の変化を概観してみよう。

　まず、過去と現在の教育はどんな社会状況に対応した人間像だったのか、そして現在、来たるべき社会状況にも適合する人間像が描けているのかを検討してみよう。さらに、その人間像にふさわしい教育内容や方法とはどんなものであるのか。こうした問題を哲学的な人間像に関する議論の側からではなく、教科構成や教育内容・方法にどう現れているかを見ながら考えてみたい。そうするのは、もし内容の選択が十分でなく間違って

いるとしたら、その具体像のレベルで変更する手がかりにしやすいと考えられるからである。

というのも、教える内容の変革は、国家・行政だけの問題ではなくて、個々の学校や教師の取り組みから始まる問題でもあって、本当は実践的な課題でもあるからだ。それは、個々の教師の仕事の意味にもかかわっている。そこで、人間像・教育の目標が社会によってどれほど変わってきたかを例示したあと、近年の学力像の変化を検討しながら、21世紀的な方向について考えてみたいと思う。

第2節　教科と授業時間数の歴史的変化

社会の期待する人間像や学力像については、抽象的な議論もあるのだが、具体的な教科とその授業時間数を見るとよくわかる。ここでは、小学校の教科と各教科の時間数の割合の変化で代表させてみよう。

小学校の授業時間数は、歴史的には学校によって選択科目として教える教科目や学年による時間数が違っていたので、以下に示す比率がどこも同じであったというわけではない。だが、おおよその特徴は、その数値でつかむことができる。

まず、1891（明治24）年の小学校教則大綱から尋常小学校の必須教科を百分率（％）で示すと表2-1のようになる[1]。この

表2-1　尋常小学校の教科構成比率（1891年）

修身	読書・作文・習字	算術	体操
11.1	55.5	22.2	11.1

頃から就学率も高くなり、学校がかなり整備されてきた。比較的長い期間通用した教科別の授業時間の割合であった。

1週間の授業時間数は18時間から30時間以下の授業時間と定められていた。表の教科以外に、国史・地理・図画・唱歌・手工から1ないし数科目を加え、女児のためには裁縫もあった。だから、上級学年を想定して計算すると、修身と体操が週に各3時間、算術が6時間、残りは現在の国語にあたる時間が15時間程度だった。

同じ時期の高等小学になると、今日の社会や理科などが追加された（表2-2）。また、裁縫は女子のみで、その分、算術、地理・歴史、体操が男子より1時間ずつ少なかった。ともかく小学校高学年でも、読み書き算が半数を占める教科構成であったことがわかる。

その後、国民学校が設置されたときの教科の構成は、外見上大きく変わったように見える。確かに、内容の軍国主義化においては顕著であったが、教科の時間数の構成において実質的な変動は、小学校については大きくなかった。

敗戦まもない1951（昭和26）年の小学校高学年の場合は、表

表2-2 高等小学の教科構成比率（1891年）

修身	読書・作文・習字	算術	地理歴史	理科	図画	唱歌	体操	裁縫
6.6	33.3	13.3～16.6	10～13.3	6.6	6.6	6.6	6.6～10	10

表2-3 小学校高学年の教科構成比率（1951年）

国語・算数	社会・理科	音楽・図画工作・家庭	体育
40～35	25～35	25～20	10

2-3 の割合が参考として示されていた[2]。現在では驚くかもしれないが複数の教科が合わされ、しかも最初から％として示されていた。

　読み書き算の比率が表 2-1 と比べて過半数を切って低下する。だが、義務教育期間が延びているので、学習時間の絶対量において減少したわけではないが、他教科との比率としては間違いなく低下する。その分、社会や理科などの「内容教科」と当時呼ばれた教科が増加したことがわかる。それらはかつて選択教科の位置にあったものが、必修の位置を占めるようになったのである。

　高学年の1週間の授業時間数は 28 時間だったので、国語と算数が 10 〜 11 時間、社会と理科が 7 〜 10 時間、音楽や図工などが 6 〜 7 時間、体育が 3 時間程度であった。なお、児童会や学級会など今では特別活動と呼ばれる時間は上記の時間数に含まれていないが、それらの時間も確保されていた。

　表 2-1 から表 2-3 への変化は、第一に、読み書き算を共通の基礎とする学力で一人前の「国民」と見ていた時代から、自然や社会に関する学力も必要とするようになったということである。第二に、天皇制国家を支える重要な柱の一つであった修身が消えていることからわかるように、天皇制国家と軍国主義の「皇国民」養成から主権在民の国家を支える「国民」養成へと修正されたのである。

　現在の大人たちの多数の教科と授業時間数のイメージは、1989（平成元）年の『学習指導要領』の頃のものだろう。小学校高学年の教科と道徳や特別活動を含めて百分率で示すと表 2-4 となる。

国語は週に6時間だから明治の半ば頃と比べると、当時の半分以下の授業時間となった。算数は1時間減ではあるが、ほとんど変わらない。体操を体育とみなせば、明治以来、時間数もほとんど変わることなく設置され続けている。修身を道徳と考えると、敗戦後一時期廃止されるが、1958（昭和33）年に道徳として復活設置され、その後変わることなく位置づけられている。

　敗戦後で変わったのは、社会・理科・音楽・図工・家庭という教科が、教育課程に明確に位置づけられたことである。学習指導要領の改訂（表2-4）で低学年に生活科が設置されたが、道徳主義的であるとはいえ社会科と理科の要素を持っていたことを考えれば、敗戦後の教科構成と授業時間の比率において大きな変動はない。それでも、生活科の設置のように従来の教科区分を変えて統合する動向の始まりは、次の1998（平成10）年の改訂における「総合的な学習の時間」ともかかわって、教科内容や学習のあり方の変化を意味している。これについては、近年の学力論と深いかかわりがあるので、後で触れる。

表2-4　小学校高学年の教科構成比率（1989年）

国語	社会	算数	理科	音楽	図画工作	家庭	体育	道徳	特活
20.7	10.3	17.2	10.3	6.9	6.9	6.9	10.3	3.4	6.9

表2-5　小学校高学年の教科構成比率（2008年）

国語	社会	算数	理科	音楽	図工	家庭	体育	道徳	外語	総合	特活
17.9	10.2	17.9	10.7	5.1	5.1	6.1	9.2	3.6	3.6	7.1	3.6

注）教科名を略称で表示している

次に、2008（平成20）年に告示された学習指導要領の小学校5年生の標準授業時数で見てみると表2-5のようになる。今回は、1998年に設定された「総合的な学習の時間」が1時間減って2時間となり、また各教科の時間数が微調整されている。

　比率で見ると10年前の学習指導要領より国語・算数・理科が増え、音楽等が削られたことがわかる。いわゆる「主要教科」が増え、「技能教科」が削減となって、知識の理解にかかわる教科が強化された。それぞれの教科の担い手だと自負するタイプの人から見れば、わずかな増減でも大きな問題に映るだろうが、しかし、直近で見ると授業時間数についていえば、激変とまではいえない。

　ただ、小学校が設置されて以来の140年近くのスパンで眺めてみると、ほとんどが読み書き算にかかわる教科だった時代は終わって、算数はほとんど変わらないものの、国語は比率として3分の1ほどに減少している。つまり、出発においては読み書き算重視の教育課程だったものが、次第に理科や社会などの比率を増大させてきたことがわかる。

　また、小学校が始まるころにはなかった教科も出現しているが、道徳と体育のようにその比率がずっと変わることなく続いている教科もある。これらは、近代国家を支える精神と身体を持った国民の形成と深くかかわっていることを示している。こうした教科と教科構成の変化は、社会の変化とかかわり、それに伴う人間像や学力像の変化とかかわっている。

　次に、その変化を産業との関係で大づかみに描き出してみよう。

第3節　産業の必要と国民づくりからの出発

　本節では140年前から敗戦の時期までの近代学校の教科の構成を見て、教育に期待されていた人間像や学力像を述べる。さらに、そのことを述べながら、教科構成には3つの規定要因があることを指摘する。

　近代学校の教育課程が読み書き算を中心としていた理由は、産業の必要による。近代の学校が始まった頃は、商業の発展が読み書き算を多くの人々に必要とさせた。読み書き算は、農林水産業と職人を中心とした世襲的社会が続いている限り、必須というほどではなかった。しかし、次第に商取引を不可欠とするようになり、これに対応した読み書き算の力が広く必要とされるようになった。商取引には計算が必要であり、文書のやりとりも不可欠となり、読み書き算が必要となったわけである。特権階級だけが知を独占していたそれまでとは状況が変わって、庶民にもそれが必要となったのである。

　そこで、読み書き算を中心とした学校ができあがり、需要に応える存在として急速に普及していったのである。学校が始まった当時、すでに、商業が発展した都市や換金作物の栽培が盛んであった地域では寺子屋の普及率が高かったことも、その証拠とされる[3]。こうした背景があって、読み書き算中心の小学校が始まったのである。その後、殖産興業の政策が取られ、軽工業を中心とした産業がまず進展する。徐々に義務教育期間も延び、社会や理科にかかわる授業時間が増えていった。戦後の教育課程や学力像の変化とも関係があるので、以下に、産業

図 2-1 産業別就業人口割合

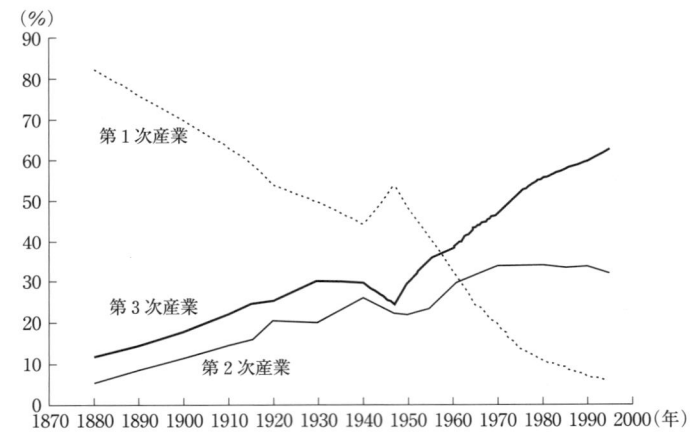

注) 日本リサーチ総合研究所デジタル・アーカイブ生活指標より引用。
資料出所) 1879 年～1915 年「明治以降本邦主要経済統計」（日本銀行）
　　　　　1920 年～1995 年「国勢調査」　　　　　　　（総務省）
　　　　　1947 年は臨時国勢調査の数値。

別人口の変化表を付しておく。

　ところで、各教科は、産業の必要ばかりでなく、もう一つ別の必要があって設置されると考えられている。それは、「国民」の形成である。「国民」の形成にはあらゆる教科が動員される。

　たとえば、小学校における社会や理科は、それ自体初歩的な社会と自然の認識の形成であるが、高等教育機関における社会科学や自然科学の教育とは意味が異なる。高等教育や職業教育においては職業的な熟達や研究的な力量の養成という目的があるが、初等教育におけるそれは、特に「国民」の形成に方向づけられている。戦時中の国史や地理はそのことに貢献すると考えられていた。それは、当時の内容が日本や世界の物産地理的

な性格であったことからもわかる。どこで何が取れるか・生産されるかを教えていたわけだが、これが植民地や殖産興業と関連することは見やすいことである。それらの知識を知っていれば、国家の基本政策が理解しやすくなる。国家の政策自体を教え込む時間にもなる。こうして資源とその場所の理解が、近代国家を支える「国民」に必要な中身となるわけである。貿易や植民地の獲得を目指す帝国主義的な政策への支持が得られるには、日本や世界に関するある程度の知識が必要だったのである。

　さらに、国民を形成するには、心情や意識の動員も目指される。「国民」という一体感も必要だと考えられるようになる。そこで、しばしば強調されるのは、言葉と民族と文化にかかわる言説である。それらの固有性や優秀性があれこれ語られ、それらの一部を学校で系統的に教えようとするのである。

　近代以前には、村落や藩という共同体の範囲が人々の意識する範囲であった。近代になるとその範囲が広がり、国家ならびにその一員＝国民という意識を形成することが期待されるようになる。日本という国家あるいは日本国民という意識は自然には生まれない。だから、その形成がぜひとも必要だったのである。それなしには、税を集めることも兵を集めることもできないからである。

　「国民」の形成に、学校も動員される。様々な教科も役立つと考えられるようになる。ただ読み書きを教えるだけでなく、「国語」の固有性や優秀性をことさらに教え込もうとするわけである。修身は初期の学校からおかれているが、これは身辺的ふるまい方だけでなく、国民国家、日本の場合は天皇制の国家を支える道徳の必要という観点から設定された。なお、道徳教

育は、歴史や地理、国語とも深いかかわりを持って展開された。さらに、体操は、産業を支える労働者ならびに兵士の身体の教育という観点からも設定されていた。

各教科の設置目的は国家主義的な意味しか持たなかったわけではないが、そうした性格を少なからず持っていたことは忘れられるべきではない。こうした国民の形成がもう一つの動機となってそこに「日本人像」が描かれ、それに対応した教科構成となっていたわけである。

ここで少しまとめると、教科の位置づけや内容に変化はあるものの、産業を支える労働者、近代国家を支える「国民」、したがって兵士・軍人の養成という2つの必要が土台にあって、その目的の達成に貢献すると考えられた教科が設置されたのである。これは、日本だけのことではない。

間違えてならないことは、子ども一人ひとりの成長や発達ならびに福祉を保障するという観点がまったくなかったというわけではないが、上記2つの必要という観点を強く意識して教科は設置されるということである。

2つの必要は、装いを変えながら今も重要な契機となっている。個々人の成長や発達という目的が明確に位置づけられるのは敗戦後のことである。旧教育基本法（1947年）の教育の目的（1条）で、「教育は、人格の完成をめざし、平和的な国家及び社会の形成者として、真理と正義を愛し、個人の価値をたつとび、勤労と責任を重んじ、自主的精神に充ちた心身ともに健康な国民の育成を期して行われなければならない。」と位置づけられた。それ以前は、「一旦緩急アレハ義勇公ニ奉シ以テ天壌無窮ノ皇運ヲ扶翼スヘシ」と教育勅語にあったように、個人の

尊厳はきわめて制限されたものであった。

　こうして、産業の必要、国民の形成の必要、個人の尊厳の保障という3つの必要が人間像を規定し、教科構成を規定してきたのである。そのバランスや内容構成は、これまた社会状況によって変化していく。次に、近年の動向を概観してみよう。

第4節　能力主義から多元的能力主義へ

　戦後の人間像として圧倒的な影響力を持ったのは、「高度成長」と連動した産業主義的な人間像であった。ここで「産業主義」という意味は、第一次から第三次産業のすべてを含むが、特に第二次産業を中心とした産業の発展を第一に考えるものの見方を指す。つまり、産業を振興し生産を拡大することが、同時に社会生活を豊かにし、福祉の向上にもつながると信じる立場を指す。

　日本の高度成長期を想起するとその立場が鮮明となるだろう。生産力の向上を第一に掲げ、大量生産と消費、効率が重視され、全国各地を開発の対象とした政治・経済・文化政策である。確かに、大量生産と大量消費が右肩上がりであった時期には社会生活も一定の向上を遂げたが、公害の発生に典型的なように、人間的な生活や福祉を自動的に向上させることにはつながらなかった。

　この産業主義は、それに見合った労務管理政策の基本を、能力主義においた。政財界は、能力主義を原則とした人材の養成を教育にも期待する。その要求に応えた典型的な文書が1966（昭和41）年の中央教育審議会答申『後期中等教育の拡充整備

について』である[4)]。

> 「教育の目的は、国家社会の要請に応じて人間能力を開発するばかりでなく、国家社会を形成する主体としての人間そのものを育成することにある」。「今日は技術革新の時代である。今後の日本人は、このような時代にふさわしく自己の能力を開発しなければならない」。

ここには、能力主義が露骨に表明されている。技術革新に対応する能力を開発することが、人間そのものを育成することと等号で結ばれている。それほどに産業主義的な把握がそこにはある。

ところで、戦後の復興期を過ぎると高度成長期と呼ばれるが、この時期の産業主義は、軽工業から重工業への移動と大量生産と消費を何より大きな特質とする。また、図2-1の産業別就業人口割合の変化からも明らかなように、農業から2次・3次産業へ人口の移動が加速した時期だった。この変化は、単に都市への人口集中と地方の過疎化という問題だけでなく、家族関係や地域社会の人間関係を大きく変えた。これも教科の内容編成に大きくかかわっている。

ここで詳しい因果関係を論じる余裕はないけれど、教育にかかわる最大の変化は、教育への能力主義の導入である。能力主義は企業の労務管理政策だが、教育の中では各教科で「よい成績」を取ることを最も重視するものの見方を生む。この時期の能力主義は、高学歴であることによってよい処遇を提供することを建前とするので、進学率を上昇させる。だから、オールラウンドによい成績を取ることを目指した競争を生み出した。同時にそれは、そういう人を「優秀」とする人間観を生み出した。

進学率の上昇と学校の序列化、さらに成績の善し悪しで人全体を判断する価値観を生み出していった。

　また、人口移動は、二世代家族を標準とするマイホーム主義や近代家族をベースとしたジェンダーの再生産ともかかわっていた。こうした変化は、教科の構成自体を変えることは少なかったが、その内容の変化には大きなものがあった。たとえば、社会科では自動車産業や重化学工業にかかわりの深い内容がより重視されるようになり、近代家族的な関係や男女の性別役割を自明のこととした生徒作品が教材として教科書に取り上げられていくなどした。会社で働く「能力のある」男と専業主婦とその子どもという近代家族像がマイホーム主義の典型的モデルであったように、能力主義とジェンダーは結びついていた。

　以上のような一元的能力主義は、1980年代後半から変容していく。その転換を示したのは、中曽根康弘によって組織された「臨時教育審議会」の議論であった。そこでは、「個性化」がスローガンとなり、画一性や硬直性を打破することが謳われた。

> 「初等中等教育においては、生涯にわたる人間形成の基礎を培うために必要な基礎的・基本的な内容の修得の徹底を図るとともに、社会の変化や発展のなかで自らが主体的に学ぶ意志、態度、能力等の自己教育力の育成を図る」「自ら学ぶ意欲と社会の変化に主体的に対応できる能力の育成を図ると共に、基礎的・基本的な内容の指導を徹底し、個性を生かす教育の充実に努めなければならない」[5]

　この臨教審の答申で注目すべきは、打破すべき対象の「画一性」が一元的能力主義であったことだ。それは、能力主義を止

めることではなく、一元的なそれを別の能力主義に変えることであった。それを「個性化」「個性重視の原則」といったのである。それは、皆が同じようにすべての教科領域で「よい成績」を目指す一元的能力主義から、「個性」に応じて、つまり特定教科・領域での「よい成績」の達成を目指す多元的能力主義への転換を謳ったのである。

もう一つの特徴は、「自己教育力」とか「人間形成のための基礎・基本」などといい出したことにある。この頃から、対象のよくわからない能力が言葉として利用されるようになる。その最初の言葉が「自己教育力」だ。

本来、能力という言葉は、何かができることを意味し、その対象領域をそれぞれ持っている。たとえば、計算力だとか運動能力というように、人間の文化的な活動領域を想定して名づけられている。しかし、「自己教育力」というのは、自分自身を変えることではあるが、変えるべき自己とは何かもわからないし、何によって自己が変わるのかもわからない。この後、1996年の中教審答申で打ち出された「生きる力の育成」も同じで、その力なるものが何であるかは不透明でわからない。本田由紀は、個別の対象に即した能力ではなくて、多様なものに対応できる力を「ポスト近代型能力」と呼び、80年代後半からそういう社会へと舵が切られてきたのだとする[6]。

こうした変化は、産業構造の変化と大競争時代に対応したものと考えられている。製造業などの第二次産業を基盤とした大量生産・消費から少量多品種生産あるいは情報産業へのシフト、経済のグローバル化にともなう金融を含めた多国籍企業による世界支配、人事考課や経営における目標管理の導入などといっ

た、変化にともなうものと考えられる。単純化していうと、何が売れる商品となるのかが不透明で、規制緩和による輸入障壁が取り除かれる中で企業の生き残り戦略に対応する人材への期待から打ち出されたものだといえよう。不透明な事態への対応力は不透明にしか表しようがなかったのだ。

その後、1995年に日本経営者団体連盟は「新時代の『日本的経営』─挑戦すべき方向とその具体策」を発表する[7]。これは労働者を管理職や総合職として長期安定的に雇用する層、期限つきの専門職層、期限つきの一般職層とに三区分した構想であるが、そうした経済の変化に対応した雇用政策と人材養成政策への指針を財界が示したものである。これが、今日の所得格差の拡大をもたらした方針でもある。三階層化された中のどこに配分されようと「強く個人の責任で生き残ること」が過酷に期待され、その力が様々に表現される状況となったのである。

こうした変化が、「新学力観」(1987年教育課程審議会答申)「生きる力」の教育として、「生活科」、「総合的な学習の時間」や「選択科目」の設置に具体化される。そこでは、一人ひとりの「個性」に応じて学ぶ対象や学び方を自ら選び、その結果については「自己責任」をとらせることが重要だとされた。カリキュラムのレベルで、義務教育の段階から学ぶ内容が異なるシステムが導入されることになったのである。義務教育という共通性を基盤とした教育階梯を根幹から覆す方向へ転換したといってもよいだろう。さらに、この時期から授業時間内におけるコース別学習も展開されるようになった。それは、「個性重視の原則」に対応させた「習熟度別学習」などという呼び名の能力別学習の導入である。この時期は、戦後教育のターニング

ポイントといってよい。

　ところで、2008年の中教審答申とその結果告示された学習指導要領は、事実上の義務教育段階における選択科目の廃止と、「総合的学習の時間」の縮小をはかった。だが、これは、「ポスト近代型能力」の養成という方針を転換したわけではない。2008年中教審答申にもあるように、理念としての「生きる力」の教育を継承している点で変わらない。三層構造に分けられた人材の共通部分においては徹底訓練、分離されたところの教育では「活用型学習」「探求型学習」あるいは「習熟度別学習」を設定したのだと考えられる。これらの方針は、際限なく人を分断する。そこで、その政策を補完するかのように、愛国心をはじめとしたナショナリズムを強く導入したのである。実際には分断された個々人を、日本という単一の国家へと回収する教育が方針化される。それが、改訂教育基本法の愛国心養成などの教育目標の設定だったのである。

　このように見てくると、それぞれの時期において期待される人間像は、何より経済的形態やその動向に規定されていることがわかる。これに、政治と文化状況が加わって変化していくことがわかる。次節では、この変化を学力という言葉で、その質の変化を最近の動向にかかわって指摘する。

第5節　学力・リテラシーの対抗構造

　これまでに述べてきた一元的能力主義と多元的能力主義は、「能力」によって子どもの教育をコース別に行おうとする点では同じである。

異なるのは、学校的成績の総和を基準とする見地と、育てるべき能力像を総合的・複合的なものから狭隘なものまで多様なものを並列させて評価する見地の違いである。また、最近の一元的能力主義の指導観は、どちらかといえば、知識・技能の徹底的ドリルを主要な方法とし、強制をその指導観としていることが多い。これに対して、ポスト近代型能力を重視する多元的能力主義は、その中核である応用力や活用力の形成の部分ではエリート層に対しては教養主義的であったり、時に体験主義的であったり、スキル・トレーニングに陥っていたりと混迷した様相を呈している。

　私は、世界への変革的参加を学びとする立場から、2つの学力観とその形成論を検討しておきたい。近年では、学力という言葉ばかりではなく、リテラシーあるいはPISA（Programme for International Student Assessment：日本では生徒の学習到達度調査と呼んでいる）型リテラシー、コンピテンシーなどという言葉も使用されるようになっている。それぞれの言葉の意味を区分しながら、どう考えていったらよいのか述べてみたい。

　まずは、知識・技能の徹底が学力形成だとする見地の問題から始めよう。徹底という言葉それ自体に善し悪しはない。しかし、その現実態を見ると問題が浮上する。それは、教育の道理を踏み外した、単なる経験主義に陥っていることが多いのである。つまり、「たくさん練習すればいくらかは覚える」という過去の経験を絶対化し、その練習をいかに効率よく実施するかという、ただそれだけの信念であることが多い。そこには、人が「わかる」仕組みに関する教育学や心理学の研究のかけらもないことが多い[8]。

本来、読み書き算も、徹底的ドリル論のように、操作がただ「できる」という程度で済ませてよいはずはない。理由も意味もわかる必要が本当はある。さらに、それは、「学習権とは、読み書きの権利であり、問い続け、深く考える権利であり、想像し、創造する権利であり、自分自身の世界を読みとり、歴史をつづる権利であり、あらゆる教育の手だてを得る権利であり、個人的・集団的力量を発達させる権利である」と、1985年のユネスコの世界学習権宣言にあるように、学ぶ権利の中に位置を持ち、自ら問いかけ考えながら自分自身の世界を描く手段となるように学ばれて意味を持つものである。そういう位置を持たないで、人は自分自身であることができない。読み書き算は、高得点を取るためや、下僕のように働くためでもない。まして、国家の犠牲になるために習得するものでもない。学ぶことの意味を問い返すことなく、歪曲・単純化する徹底ドリル＝一元的能力主義の立場に未来はないといわねばならない。

　また、ポスト近代型能力重視の立場も、すでに前節で指摘したように人間を三層に区分し、さらに能力の中身を抽象化して永遠にその力を形成できないようにする可能性の高いことを指摘しておきたい。ただ、このポスト近代型能力という議論の方向は、世界の社会状況や能力像に関する動向とかかわっている。そこで、近年のリテラシーやコンピテンシーと呼ばれる言葉との関係を管見して本章を閉じたい。

　2008年中教審は、「生きる力」とOECD（経済協力開発機構）のキー・コンピテンシーを同質のものと理解して次のようにいう[9]。「『生きる力』は、その内容のみならず、社会において子どもたちに必要となる力をまず明確にし、そこから教育の在

り方を改善するという考え方において、この主要能力（キーコンピテンシー）という考え方を先取りしていたと言ってもよい」。

しかし、1996年の中教審答申で定義された「生きる力」とOECDのコンピテンシーははたして同じであろうか。

「生きる力」は次のように定義された。

「我々はこれからの子供たちに必要となるのは、いかに社会が変化しようと、自分で課題を見つけ、自ら学び、自ら考え、主体的に判断し、行動し、よりよく問題を解決する資質や能力であり、また、自らを律しつつ、他人とともに協調し、他人を思いやる心や感動する心など、豊かな人間性である」[10]。

他方、OECDのコンピテンシーとは、その加盟国を念頭に個人が人生において成功し社会に参加していくために、すべての個人にとって役立つ能力にどんなものがあるかを調査したプロジェクト『コンピテンシーの定義と選択　その理論的・概念的基礎』（略称 DeSeCo）が抽出した能力のことである。とりわけ、次の3つをキー・コンピテンシーと呼び、各国から注目されている枠組みのことである[11]。

①社会的に異質な集団で交流する力
②自立的に活動する力
③道具を相互作用的に用いる力

2つの定義の単語を比べてみるといくつか似ているものがあるように見える。しかし、「生きる力」は、個人が一人で強く生きることを想定して設定された概念であった。また、日本人と外国人を截然と区別して日本人として生きることを求めるものであり、社会の変化をそれとして受け入れる人間が想定され

ている。これに対して、コンピテンシーは、先進国という限定条件がつくものの、異質な中での交流を強調したり、社会と個人、個人と個人の相互作用を強調している。こうした点において同じとすることには、無理があると思われる。

 それでも、同じといわねばならない社会状況が日本の中にも生まれつつあるということは興味深い点だ。違うとすれば、同じといった場合にどちらに歩み寄って同じと考えるのかで評価は異なってくるが、中教審の「生きる力」の場合は、社会の枠組みへの変革的関与というより適応的参画を想定し、その枠内における自律が想定されている。自制心や規範意識を強調する日本の「生きる力」は、きわめて限定的な枠組みといわねばならない。するとそれは、先進国の社会状況として不十分ということになる。

 こうしたキー・コンピテンシーのプロジェクトの一翼を担う調査がいわゆるPISA調査なのである。だから、そこで使われている「リテラシー」という言葉を、日本独特の「学力」という言葉と同じ意味に使う人々がいるが、それはあやまりである。PISA調査は、必ずしも教科の学習到達度を計測しているわけではない。

 念のために、PISAの使うリテラシーの定義を確認しておこう。

 PISA調査の目的は、「学校の教科で扱われているようなある一定範囲の知識の習得を越えた部分まで評価しようとするものであり、生徒がそれぞれ持っている知識や経験をもとに、自らの将来の生活に関係する課題を積極的に考え、知識や技能を活用する能力があるかをみるものである」[12]。

だから、たとえば「数学的リテラシーとは、数学が世界で果たす役割を見つけ、理解し、現在及び将来の個人の生活、職業生活、友人や家族や親族との社会生活、建設的で関心を持って思慮深い市民としての生活において、確実な数学的根拠にもとづき判断を行い、数学に携わる能力である」[13]と定義される。数学とかかわるけれども、ただ定理を理解し計算できるといった「学力」とは異なる概念なのである。

そもそもリテラシー（literacy）とは、読み書き能力があることと、教養があることという2つの意味が英語辞典には存在するように、単に言葉を操作できることではなくて、それを操作することを通じて教養となることを意味している。しかも、OECDのプロジェクトが打ち出している概念は、学んで到達した能力を意味するのではなく、その後の生涯にわたって機能する能力としてリテラシーをつかまえようとしている。この点で、学力という概念とまったく異なる。

もちろん、OECDの抽出しているコンピテンシーやリテラシーは、その加盟国を想定したものであって、先進国的生活が最上というわけではない。それらは、新自由主義国家と西欧的福祉国家の混合物として見ることもできる。そういう意味では、さらにその教養のあり方に検討の余地がある[14]。

このように見てくれば、コンピテンシーやリテラシーという概念は、ポスト近代型能力の一つということができる。これに対して、日本の「学力」概念は近代的概念として存在してきた。2008年中教審答申とその学習指導要領は、本当は異なる枠組みの概念を混在させたものとなっている。性格の異なるものを一つの言葉に接合させて、それぞれ「習得型学習」と「活用型

学習」という学習方式を編み出すことで乗り越えようとしてるのが日本の現状ということができよう。しかし、枠組みの異なるものを接合することは難しい。

　こうした考え方の違いが世界の中にはあることを踏まえて、学力形成やリテラシー養成を展望する必要がある。ただ単に、知識・技能の確実な習得と活用する思考力・判断力・表現力等を相互に関連させて教育すればよいというものではない。また、教育はそれぞれの調査結果に右顧左眄すべきものでもない。

　ではどうするか。実践的には、教えるに値する内容かどうかこそ、まず大事にする必要がある。次に、ひたすら暗記を目指す「習得型学習」の実施が迫られた場合、「わからない」まま暗記をさせる暴力性に対して、「わかる」を目的とした平和な共同的学習を提案することが必要だろう。さらに、スキル化された「活用型学習」に対して、リアリティのある教材と活動を対置することである。まず子どもや子どもを取り巻く社会をとらえ直し、展望を与えるリアリティのある教材を持ち込み、子ども自身がその教材で活動する場面をその必然において設定する。それが、本来のリテラシーの形成に至る道なのではないか。子どもを取り巻く社会を分析することとかかわらない学力もリテラシーもあり得ないのだから。

まとめ　変わる学力・人間像と変わる教科内容

　義務教育段階の学力問題を考えていく順番を述べてみよう。

　学力が高いとか低下したとかいう前に、そういっている人の学力の基準はどこにあるのだろう、と問い直そう。基準をどこにおくかによって、学力の中身は変動するからだ。人間像というときも同じだ。意味もないことに基準がおかれているのであれば、その議論自体が取るに足らないこととなる。自分を含めて、どこに基準をおいて議論しているのか、冷静に眺める必要がある。

　それができたら、その基準をなぜ重要だと考えているのかを検討してみよう。このとき、最初は、自分がどう考えているのかをはっきりさせるといい。その次に、他の人や社会の側がどんな力をなぜ重視しているのかを考える。この順番が重要だ。逆にするとだまされやすくなる。社会の側がどう考えてきたかは、いくつか記したので参照されたい。なお、社会の側といっても誰だかよくわからないときがある。そんなときは、政権や政権に近い人の議論を取り上げる。そういう人たちは、「生きる力」とか「自己教育力」とか意味がはっきりしない言葉を使うことが多い。言葉を国語辞典的な意味で理解すると、違っていることもあるので注意が必要だ。裏にある真意は何だろうと考えてみることに価値がある。

　次に、学力や人間像について広い視野で考えてみる必要がある。広い視野とは、一つは国際的にはどう考えられているかである。もう一つは、その基準が大切だとしても、すべての人に必要なのかと考えてみることだ。特定の職業の人にだけ必要であるというなら基準としては適切でない。望ましい力でもみんなに必要ではないかもしれない。仕事や文化的な志向は違っても、社会を共につくったり、議論をしていくために必要な力は何か、これからとくに必要となるものは何かと、未来を見据えて議論してもらうといいと思う。

註

1) 文部科学省編『学制百年史』より作成。
   http://www.mext.go.jp/b_menu/hakusho/html/hpbz198101/index.html
2) 以下の表は、文部(科学)省編、1951年、1989年、2008年版の学習指導要領一般編より作成。
3) 高橋敏『江戸の教育力』筑摩書房、32頁以下参照。
4) 「期待される人間像」と当時呼ばれた文書を含む答申である。
   http://www.mext.go.jp/b_menu/shingi/12/chuuou/toushin/661001.htm
5) 臨時教育審議会最終答申、1987年。
6) 本田由紀『多元化する「能力」と日本社会』NTT出版、2005年参照。
7) 日本経営者団体連盟「新時代の『日本的経営』──挑戦すべき方向とその具体策」1995年。
8) 松下佳代「習熟とは何か」梅原利夫・小寺隆幸編著『未来への学力と日本の教育〈2〉習熟度別授業で学力は育つか』明石書店、2005年参照。
9) 中央教育審議会答申『幼稚園、小学校、中学校、高等学校及び特別支援学校の学習指導要領等の改善について(答申)』2008年、9-10頁。
10) 中央教育審議会答申『21世紀を展望した我が国の教育の在り方について　中央教育審議会　第一次答申』1996年。
11) D. S. ライチェン、L. H. サルガニク編著、立田慶裕監訳『キー・コンピテンシー──国際標準の学力をめざして』明石書店、2006年、88-90頁。
12) 国立教育政策研究所編『生きるための知識と技能3』明石書店、2007年、3頁。
13) 同上書、18頁。
14) 佐藤学「リテラシー教育の現代的意義」『教育方法36　リテラシーと授業改善』図書文化、2007年参照。

第3章

子どもの生活から授業をつくる

第1節　生活のどこを見るか

　リアリティのある授業をつくりたい。そこで、教材を工夫する。にもかかわらず、どうもそういう緊張感や切実さが伝わってこない。そういうことも多い。

　たとえば、学校でアイマスクをつけたり、車いすに乗せてみせたりする。この体験を通じて子どもは、街に段差がなくなるとよいと素直に思う。そんな感想を書いて授業が終わる。しかし、障害者の側からすると、いいにくいけれども、どうもそれは違うという思いが湧いてくるに違いない。障害者の生きづらさは、街の段差以上に、生活全体を覆っている差別だ。段差がなくなれば、すべて解決したかのように子どもたちが理解してしまわないかと不安になる。そんな思いを抱いた教師も多いに違いない。

　身近な素材を取り上げているのにリアリティがないのは、核心を外した授業になっているからなのである。車いす体験も本当は想像力を働かせることが期待されて始まったはずなのだが、

生きた障害者の暮らしが視野にないと意義がなくなってしまうのである。生活のリアリティと結びついた学びをつくることは喫緊の課題なのである。

この点で日本にはすぐれた試みがあった。無着成恭の『山びこ学校』という有名な実践の記録がある。山形の山元村の中学校で炭づくりをすればするほど貧しくなってしまうことを丹念に解き明かした綴方で全国に知れ渡った。その「あとがき」で、無着は、社会科は教科書で勉強するのではなく現実の生活について討議し考えるのだという行論に続けて、次のように記していた。

> 「私は社会科で求めているようなほんものの生活態度を発見させる一つの手がかりを綴り方に求めたということです。だから、この本におさめられた綴り方や詩は結果として書かれたものではなく、出発点として書かれたものです。一つ一つが問題を含み、一つ一つが教室の中で吟味されているのです」[1]。

子どもたちの生活を綴ることを通して、学校に生活を持ち込み、暮らしや社会をとらえ直していった戦後の記念碑的な教育実践の特徴をよく表した文言だ。『山びこ学校』の場合、子どもたちの生活から教育をつくることが基本に据えられていたことがわかる。単に外面的なものを教室に持ち込むのではなく、子どもと子どもを取り巻く生活をとらえていくという観点が必要なのである。

このように、生活から教育をつくる筋道は古くからある方法だったのだが、その手法が教育のパッケージ化やマニュアル化の中で弱まっている。生活のどこをこそ学びの対象としていく

のかを考えてみたい。本章では、生活から教育をつくる意味を再考するとともに、そうした教育・授業を構想し、つくり出す方法をできるだけ具体的に提出してみたい。

第2節　子どもの生活から学ぶ理由

　子どもの生活から学びをつくるということは、身辺的なことを学ばせるためではない。まして、教える内容を卑近なものに限定するという意味でもない。むしろ、自然や社会を広く学んでもらうためであり、その本質をつかんでもらうためである。

　卑近なことからやがて遠くの世界や難しい事柄を教えるように教育課程が構成されているように見えるが、本当は、そうとばかりはいえない。たとえば、小学校の社会科学習は、学校探検から学区へ、市町村から県へ、さらに日本から世界へという同心円的に学習の場が広がるように構成されている。ここにはそれなりの理由がないこともないのだが、その構成をもって、低学年の学習は身近なものに限定して教えることだと誤解してはならない。数々の実践が明らかにしてきたように、子どもに身近な下着や普段着がアジア諸国からの輸入品であることが多いように、身近なことがらも実は世界とつながっている。身近だから学びの世界が狭いとは限らない。はるか遠くの世界とつながっていることも多いのである。

　また、それは、「子どもにとって身近な事柄であれば興味・関心を持つ」からでもない。あるいは「慣れ親しんだ事柄ならば理解もたやすい」からでもない。身近だから逆に興味が湧かないこともあるし、わかりやすいとは限らないのである。

効率よく教科書の知識を覚えるだけの学習になっていたり、基礎・基本の徹底がドリル学習に堕してしまっていたりする中で、世界をとらえ直しながら、世界に参加していくという本来の学びを大切にする必要がある。それが子どもの生活から学びをつくる根源的な理由なのである。
　それなら、なぜ生活にこだわるのであろうか。
　生活をとらえ直しながら学ぶというのであれば、必ずしも子どもの生活「から」始めなくてもよいかもしれない。他の道も確かにある。しかし、どうしても子どもの生活を教材とし、それとかかわった教育活動をつくる必要もあるのである。
　というのは、次の理由からだ。
　子どもの生活する世界は、2つある。
　1つは、自然と社会・人間の中にあって、それらと主観的なかかわりを持った世界である。もう1つは、情報として知っている程度のよそよそしい世界である。これは大人でも同じだ。自分自身の生活や感情とつながりを持って認識している世界と、そうしたつながりは持たないが、存在としては認識している世界の2つである。
　子どもは、はじめは自分との関係がどんなものであるかを知ることなく、すでに存在するこの世界に投げ出される。好きでも嫌いでもこの世界に投げ出されて、ここで生きていくしかない。そこで、この世界をより正確に摑み、参加し、できればよりよい社会や生活をつくり出せるようになることが期待される。その課題を教育は担ってきた。
　このとき、子どもの生活や感情とつながりを持った世界を手がかりとして、この世界に参加することを促し、そのことを通

じて子どもをこの世界に棲まわせてきたわけだ。世界に投げ出された受動的存在から、自分自身とつながりのある世界として意識し、関連のある世界であることによって変革的に参加する主体となることが期待されてきたわけである。ここで、決定的に重要なことは、変更可能な世界と自分につながりがあるという意識だ。ここをつなぐのが生活である。だから、どうしても子どもの生活を学びの対象としていく必要があるわけだ。単に手段なのではない。

だから整理すると、子どもの生活から授業をつくる格別の価値は、3つあることになる。

1つには、子どもの生活から授業をつくることによって、子ども自身と関係のある物事が学びの対象となり、現実を自身とかかわりのあるものとしてとらえていくことにある。身近かどうかではなくて、子どもとののっぴきならない関係を持った生活が学びの対象となってとらえ返されたり意識化される点にある。教科書にあるどこか遠くの自分とは関係のない事柄とは違って、子どもにとって考えざるを得ない事柄だという点にある。先に述べたように、認識が、自分との関係を意識しない認識と、自分との関係を意識した認識の2つに区分されるとすれば、生活は後者の認識を生み出す契機となるのである。

2つには、変更可能な生活として対象化できることにある。身近に存在するからその現実に働きかけることができる。教材となった現実を変える具体策を検討することもできるし、関与することもできる。遠くの事柄では関与することが難しいことが多い。だが、たとえば、子どもの生活の舞台の事柄であれば、地域の社会問題の解決策を具体的に追求し、地域の大人社会に

提案をすることもできる。大人社会の反応や手応えを感じながら学ぶことができる。もちろん、それは、社会的な問題を子どもたちの自助努力に還元してしまうことではない。原因にふさわしい解決策を社会の担い手として検討し、市民としての行動の仕方を学ぶ絶好の場とするのである。

3つには、教師や大人、時には教科書にあるようなものの見方をひっくり返したりとらえ返したりする学びが生まれることにある。子どもは社会の中にいるが、大人とは違った位置にいる。その位置が異なることによって、世界の見え方が異なったり、意味が違って見えたりする。そのために、常識と思われていたことが、実はそうでないことを語ることになったりするのである。これは、教える側にとっても、新たな発見をもたらす可能性のあるアプローチである。もちろん、教師が大人の公認された知見を教え込もうとしている限り、こうした学びは生まれない。

以上、生活から学ぶことの意味を名づければ、世界との関係性、変革可能性、子どもの立場性ということができる。

第3節　学級に生活を引き出す仕組みをつくる

では、子どもたちの生活をいかに学びの対象としていくのか。具体的に示してみたい。教科書と教科書準拠型教材の使用圧力が強まっているが、教科書から一歩も離れることなく教育することなど本来できない。子どもたちの生活の方が教科書より現実をよりよく映し出していることも多い。しかしながら、そう考えただけでは授業はつくれない。

子どもの生活を教師がとらえていくまなざしと仕組みを持っていなければ、それが授業に登場することは難しい。まずは仕組みを学級や授業につくり出すことだ。
　学級の中に、子どもの声が聞こえてくる仕組みが不可欠である。
　たとえば、スピーチ活動のような仕組みを制度としてつくり出すことだ。小学校で長くこのスピーチ活動を行っていた中妻雅彦は、週に3日、1人3分程度のスピーチを行っている[2]。その流れは、次のようになっている。
　　1）「私の好きなもの」「私のおすすめ本」「ちょっといい話」などのテーマを説明して、モデルスピーチを教師が行う。
　　2）子どもはテーマに即した題材を選び、原稿を書く。
　　3）原稿をできるだけ見ずにスピーチする。
　　4）スピーチの後、その感想や質問等のやりとりをし、さらに3分ほど時間をとって、それぞれがスピーチに対する感想を書いて渡す。最後に教師がコメントをし、子どもが一言感想をいって終わる。
　以上のサイクルを学級の仕組みとしてつくり出している。この短い時間の中にも学びは存在しているが、ここを契機に授業として子どもたちの学びが始まる。ここが重要だ。
　中妻は、子どもが多摩川で見つけた野蒜の話から多摩川の総合学習へと発展させたり、子ども同士の生活や関係をとらえ直す契機としている。このスピーチの中で子どもの生活が語られ、子どもの側から見た社会のできごとなどが語られていく。このスピーチの時間における対話から発展させて、時には授業へと

つなげていく。

　スピーチは、それ自体として意味を持つがそればかりではない。より重要なことは、その中身なのだ。スピーチの外形的な技術にこだわると、形式主義化の危険があるだけでなく、学びへと発展しない。

　というのは、昔からある国語教育的な色彩の強い「3分間スピーチ」という広く全国で行われてきた取り組みの一部には、話し方の技術に傾斜したものがあった。子どもの生活から学びを立ち上げるという点から見ると、重要なことはスピーチの技術ではない。確かに人前で話すことが苦手な子どももいる。だから、誰でもがスピーチをできるように準備を丹念にしておくことは必要なことである。しかし、それは、うまく話させることに力点を置くことではない。「伝えたいことがあって話す」という本来のスピーチの趣旨を損なわないようにする必要がある。さもないと、スピーチ活動自身も形骸化し、子どもの生活から学びを始めるどころではなくなってしまう。まったく中身のないものとなってしまうのである。

　ともかく重要なことは、学級の中に子どもの生活や子どもの見方が浮上する仕組みをつくっておくことなのだ。その仕組みの一つとしてたとえば、スピーチ活動を学級の仕組みに位置づけておくならば、それが重要な契機となる。

　子どものスピーチの内容は、何が取り上げられるかわからない。しかし、その語りの中には、子どもの物事についての認識の仕方や見方、関心の向き方が示されていく。これを契機に学びとして広げていくわけである。

　この仕組みは、小学校の学級担任には取り組みやすい。だが、

中学校の教科担任でも可能だ。教科通信に生徒の声の欄を設けたり、授業の冒頭に教科にかかわるテーマでスピーチを織り込んだりするのである。

　だから、中妻のスピーチ活動は一例であって、それ以外の活動や仕組みであってもかまわない。中妻の手法は、フレネ教育における自由作文の発表とも似ている。あるいは、語られた内容から学びへと発展させている場合には、生活綴り方における「調べる綴り方」と近似している。これらは、「書くこと」を通じて子どもの生活のとらえ直しや学びへと発展させるものであった。話すことの代わりに、書くことによって子どもの生活をライトアップしていく仕組みであってもよいのである。

　実践的な起源が何であれ、国内外において子どもの生活を学びへとつなげていく手法はこれまでにも多くあるのである。それらの手法に学びつつ、形骸化させないようにしながら制度化し、リアルな学びへと広げていくことが基本なのである。

第4節　生活の言葉の意味を問い返す

　子どもの声を聞く仕組みは、声が響き合わされなければ、仕組みがあっても意味がない。声は、受けとめられねばならないのである。さらに、受けとめられた声は、互いの観点からそれについて意見表明され、合意点が探られねばならない。

　しかし、これが成立するには越えなければならないハードルがある。

　授業ばかりでなく、朝の会や学級会で、世の中や学級で起こっている出来事、読んだ本の一節を紹介したりする試みを

行っている坂田和子の実践の一コマから、どこにハードルがあるのか、それをいかに交流へと発展させていくのかを考えてみたい。

　以下は、筆者がこの学級を訪れたときの記録に依拠している。この頃社会では中高生のいじめ自殺予告が話題になっていた。だから、いじめをめぐって何度か議論してきた後で、クラスでのできごとも話題にしていたときの一コマである（実際の会話には反復などがあるが、趣旨を変えないように短縮してある）。

　発端は、学級会のときに一人の子が「Aさんが漢字テストのときに、机に漢字が書いてあって消したんだけど、そういうことはやめて下さい」と発言したことに始まる。

　これに対して、教師は、それはいつのことで事実なのかどうかを発言した者と指摘された者に確認していく。漢字の練習はしたが、テストのときにはカンニングをしていなかったことを確認した後に、教師はこう問い返す。

　　教師：（いいだした子に）「カンニングしていたらなぜ止めてというの？」と聞き返す。さらに、「ところで、カンニングはなぜいけないの？」と聞き返す。（子どもたちはいろんな理由をあげ始める）
　　子ども：大人になったとき、自分のためにならないからいう。
　　子ども：いわない。
　　子ども：自分のためにならない、といってあげる。
　　子ども：カンニングして困るのは本人だけだから、他の人は困らないから、いわない。
　　教師：自分はどっち？　いうの？　いわないの？

子ども：カンニングしているのを見て、「そこまでしてやる必要があるの」といったら、してないといって終わったことがある。

子ども：見えちゃうことがある。

教師：なぜだめなの？

子ども：ずるい。

子ども：テストは、実力でやるもの。（教師「そうなの？」の声）成果をためすものだから。

子ども：テストで通信簿が決まるから、成績が変わるから。

子ども：カンニングしてとった点なら、自分の実力じゃなくて意味がない。

教師：テストは実力を計るものなのか？

子ども：ちらちら見てきて、気持ち悪い。だからやめてほしい。

教師：ああ、気分が悪いからなのね。この理由はどう？（うなずく子どもたち）わかったことは、相手にいやな気持ちを持たせるから。

子ども：カンニングして取った点は、やったーという気がしないから。

教師：カンニングしたことある？

「ない」という声もあるが、かなりの子がしたことがあると手をあげる。

教師：人って、そういうこともあるものよ（笑顔を見せながらいう）。

子ども：カンニングするとばれる。

教師：先生知っているよ。同じ間違いしていたりするから

ね。先生が気になったのは、なぜ、止めてくださいというのかと思って聞いてみたのね。なぜダメなのかね？
子ども：自分のためにならない。
子ども：漢字が書けないと恥ずかしい。大人になってひらがなばっかりでは恥ずかしいし。カンニングして、覚えるようにしないでいるといけない。
教師：ああ、カンニングになれて、覚える努力をしなくなるといけないってこと。また後でもう少し追求してみたい。

といって議論はこの日いったん打ち切られた。
このクラスにも社会や学級でのできごとを語り合う仕組みがつくられている。そのうえで、坂田の試みには、生活を学びにしていくうえでの重要なポイントが示されている。

1つは、子どもの判断理由を明らかにしようとしている点だ。「なぜ、カンニングはいけないとあなたは考えるのか」と問いかける。教育を焦る教師は、「カンニングはいけないことだ」と教師の判断を語ってしまいがちだ。そうした指導方針とまったく違う。記録を見れば明らかなように、子どもたちの判断理由は、「実力がわからない」、「成績が違ってくる」、「怠惰となる」、「テストぐらいのことで不正をすることはない」、「見られた側の気分が悪い」などと多様だ。能力主義へのスタンスの違いも見えるやりとりが行われている。この多様さを明らかにせず、「いけないこと」とただ禁忌にしてしまえば、その理由がはっきりしないだけでなく、さらにその奥に広がっている子どもたちの生活や価値判断が問い直されずに終わっていく。

2つには、子どもごとに異なる判断理由や根拠の中から、多

くの子どもが納得し合意できる点を浮かび上がらせている点だ。単にいわせっぱなしにしているのではなくて、子どもたちの間でどの理由なら合意できるのかを確認していこうとしていることだ。このことは、社会的なルールやその基準は自分たちで決めていくというものの見方を育てることになっている。これは、だから、合意できないことを留保したり、断念したりすることでもある。社会制作的発想を持たない権威主義的な教師とは対極の指導観ということができるだろう。

　3つには、子どもたちの声が聞きとげられる体験を通じて、語りにくいことが語り合える関係を構築していることだ。

　以上の3つは、法則や概念を学ぶときにもそのままあてはまってしまう。それぞれの子どもの理解の仕方が学級の前に提示され、その理解の仕方のうちで合意できるところを自由に語り合うことが基本だからだ。

　子どもは、学校の中で自分の生活の端々を見せている。これを見ようとすれば、子どもの生活の中に現代が見える。その現代のとらえ方が正しいか間違っているかはともかく、そこに示されたつかみ方をとらえ返すように働きかけることが最も重要なのである。この場合、子どもの言葉の意味合いを問い返す場合と、その言葉が指している現実を問い返す場合とがある。

　どちらであれ教師の問い返しが契機となって、子ども相互の対話・コミュニケーションを学びとして豊かなものにすることが期待される。子ども相互のものの見方を交流することはすぐに始められる。1990年代から対話や討論は激減してしまったが、今こそ多くの教師に試みてほしい活動である。

第5節　暮らしを調べ・学ぶ

　子どもの生活を教室に持ち込むといっても、教材にしていく筋道が見えないと、わずかに話題にして終わってしまう。しかし、時には、ある程度まとまった時間数をかけた授業にする必要もある。それには、見通しが必要だ。この節では、暮らしを学びにしていく手順を1つ紹介する。そもそも教科書も最初につくられたときは、これから述べるような手順を大なり小なり踏んでいたのである。これを次に定式化して、教師が教材を準備したり、子どもが生活から学ぶ対象を切り出してきたり、自分たちで調べていくときの手法として示してみたい。

　ここで参照するのは、シチズンシップの手法として定式化され、メディア・リテラシーの作法も踏まえているアメリカの市民教育センターが刊行している『プロジェクト・シチズン』(現代人文社)にある手法だ[3]。これを取り上げるのは、子どもの身近な話題、地域の話題をテーマ化する基本的手続きを定式化しているからである。

　まず、生徒が取り組む課題を次の5つに定式化する。

　　1）取り組む課題を明らかにしよう。
　　2）情報を集めよう。
　　3）問題の解決策を調べよう。
　　4）自分たちの政策を作ろう。
　　5）行動計画を立てよう。

　調査学習は、何をすればよいのかが明確な柱立てとなっている。それぞれは基本的に学習の進行順序にもなっている。

ここで重要なことは、子どもたちの周りからテーマをどのように取り出してくるかが具体的に示されていることである。この本には、クラスやコミュニティの問題ごとにテーマを取り出す手法が区別されて論述されている。ただそれでは煩雑なので、これを再構成して並べると次のようになる。
　　1）自分や家族、地域の人が話題にしていた事柄を出し合う。
　　2）話題の事柄についてさらに情報を集めることができるところを特定し、情報を収集する。たとえば、図書館・新聞社・研究者・利益団体・行政機関など。
　　3）話題の事柄に責任のある機関はどこか明らかにし、事柄についての各機関の認識と対応策を明らかにする。
　　4）対立する意見を持つ個人や団体から意見を聞くこと。
　　5）話題の事柄に関する解決策で、問題は解決するか検討すること。
　子ども自身の知っていることや聞いたことが持ち出され、その話題が重要な問題かどうかが交流されるところから始まる。ここで一番重要なことは、その話を持ち出した子どもの生活とのかかわりを教師が読み取ることである。この点をはずすと、話題の持ち出し方も形式化してしまう。子どものっぴきならなさを抱えた話題かもしれないと想定しておく必要がある。単に、学校では環境問題を学ぶことになっているからと持ち出している場合もないではない。そうではなくて、問題の子どもにとっての意味の個別性を斟酌するまなざしが必要である。
　そうした配慮が必要なのだが、この手法を採用すれば、子どもたちの生活の周辺からテーマを取り出すことができる。仮に

出発において子どもとのつながりが鮮明でなかったとしても、現実にその話題とかかわっている個人や団体とかかわっていくことによって、狭い子どもの世界から広い現実の世界へとつなげていくことも不可能ではない。そこでは、情報の真偽の程度や重要度の高い問題かどうかが問い直される中で、子どもとの関係が意識化される。

　この手法は一方的な見地の宣伝としてではなく、異なる立場の異なる意見が聞き出せるように配慮されている。やがて、この手順にのっていけば、解決策に関する情報も見えてくるようになっている。こうして、情報の収集から解決策の提案や行動計画までの見通しが見えてくる。現実の情報収集が何の困難もなく進行することはあり得ないが、どこに立ち戻ればいいのかがわかるという点で参考に値する。

第6節　学びを多彩な活動にする

　子どもの生活から学びを計画するということは、生活を手段として一方的に検討することではない。

　クロフとホールデンは、学校と学級に民主主義をもたらすには、相互作用的に参加する手法が重要だとして、以下に並べるような方法を列挙している[4]。

- ・議論を発展させたりまとめるための全体討論の前の小グループによる話し合い。
- ・時事問題や論議を呼んだ問題におけるオープンエンドな協同的な調査。
- ・社会の出来事を反映したロールプレイ、シミュレーショ

ン、ディベート。
・多様な情報源を批判的に評価すること。
・地域の人々と直接に交流すること。
・近くの地域の内外で暮らし働いている他の人たちと文通すること。
・物語や伝記、その他のメディアを通じて他人の人生を思い描いてみること。
・変化の民主的な過程に参加すること。

　以上のような相互作用的な活動を、学びの過程に織り込んだ計画にしていくわけである。そうして、狭く閉じた生活世界が本来抱えている世界へとつなぎ直され、とらえ直されていくのである。

　生活から学ぶというとき、その学び方は、子どもと学ぶ対象との関係の仕方を考慮して決定する。科学的調査の手法にいつもいつも従う必要はない。必要が自覚されてその手法を採用する、そういう手順が必要となる。科学的手法が生活の側の視点を曇らせることだってあるからだ。重要なことは、子どもが何を調べているのかが意識できることであり、その活動の意味が見えることである。

　科学や政治は劇的な変化を見せることがある。しかし、人がものの見方を変える基底にあるのは、生活である。そのとらえ直しにつながる学びこそ重視される必要がある。

まとめ　子どもの生活から授業をつくる

　「子どもの生活から」というときの「から」とは、どこを指すのか。子どもが示した興味・関心「から」なのか、教師よりも子どもが先にいい出したこと「から」なのか。形式にこだわる人は、子どもが先にいい出して興味関心を示した事柄を出発点に授業をつくることだと決めてかかるかもしれない。しかし、本章は、そんな見地は取らない。

　子どもの生活に潜んでいる事柄を掘り起こしながら、子どもの生活をとらえ直していくことこそ、主題に即した方向だと考える。教師が先走って押しつけることは間違いだけれど、子どものものの見方、意識を強く規定しているにもかかわらず、子どもたちに意識化されていない場合には、それが顕在化するような働きかけも時には必要だという見地を取る。

　そんな場合、言葉の用いられ方を分析する手法が有効なときがある。カンニングに関する討論は、そういう手法を具体化したものだ。言説分析とか知の考古学などと呼ばれる手法がその背景にある。

　また、生活が一方では格差と多様化を生み、他方で矛盾するようだが画一化してきている現代社会にあっては、そこに様々な力が働いて、子ども一人ひとりが声をあげにくい状況にある。だから、声を出すこと、声を聞く仕組みが授業の中で必要となる。これを、意識的に追求しないと、子どもの生活といいながら、ついつい教師の都合に合わせた教育活動になる可能性がある。そこで、声が聞こえてきてしまう事例を紹介してみたわけである。

　さらに、子どもの生活から授業を組み立てるということは、単に意識化にとどまらず、現実世界に関与していく道筋を展望する必要もあるという見地から、シチズンシップの教育の試みを参考事例として提出してみた。子どもと子どもを取り巻く生活を変わるものとしてとらえながら、教育を構想することが今ほど重要な時代はないだろうと思う。

註
1）無着成恭編『山びこ学校』岩波書店、1995 年、313 頁。
2）中妻雅彦『スピーチ活動でどの子ものびる』ふきのとう書房、2003 年、参照。
3）Civic for Civic Education 著、全国法教育ネットワーク訳『プロジェクト・シチズン』現代人文社、2003 年。
4）Nick Clough, Cathie Holden, *Education for Citizenship: Ideas into Action*, Routledge Falmer, 2002, p. 7.

第4章

対話的な関係・対話的な授業をつくる

第1節　学びはコミュニケーション過程

　教師が小学生に「どうして先生には丁寧な言葉を使うんだろうね？」と聞いたところ、「先生はえらいからです」などという声とともに、「先生は、目の上のこぶなので、敬語を使う」と応えたという話を聞いたことがある。子どもは「気にさわるもの、じゃまになるものという意味の目の上のたんこぶ」といいたかったのではなくて、「目上の人」ということをいいたかったのだろうと教師は察して笑ってしまったという。言葉を間違えたり、意味を取り違えていたりすることは、大人でもよくあることである。

　こうした間違いもあれば、発達的に法則的といわれる間違いもある。たとえば、幼児がバラの花だけを花だと思っていて、他の花を花と呼ばないような場合である。こういう事例は人の発達の過程でしばしばみられる。だが、大人になっても、言葉の包含関係の間違いや過度に一般化して理解する間違いはおかすものである。

間違いが生まれる理由は、聞き間違えて記憶されるような場合もあれば、言葉の意味を過度に拡大解釈したり、反対に狭く理解していたりするなど様々である。だが、間違いであれ、より正確な把握であれ、その多くは人と人のコミュニケーションの過程で生まれるものである。誤解も生まれるが、偏見が正されていくこともあるのが、人と人との間で営まれるコミュニケーションである。

　コミュニケーションの過程は、情報が行き交う過程である。偏見や誤謬も行き交うし、反対に、より正確な認識が生まれる過程でもある。

　しかし、コミュニケーションを情報のやりとりの過程とだけとらえるとすれば、それは間違いだ。本当は、そこに感情的交流もあるし、何よりコミュニケーション参加者の関係がつくられていく過程でもある[1]。冒頭の教師と子どものやりとりも、言い間違いに思わず笑い合う教師と子どもの関係がそこに見て取れる。そうしたコミュニケーションの一つひとつが教師と子どもの関係をつくっている。

　だから、教育はまさに認識形成的であると同時に、感情交流的で関係形成的なコミュニケーションの過程といえる。学ぶということも同じである。学ぶということは、単に言語記号を獲得していく過程ではなくて、コミュニケーションを通じて主体がものごとと言葉の対応関係をつくっていく過程である。本物のリンゴと記号としての「リンゴ」つまり言葉を対応させ、その言語記号とモノの意味をつかんでいく過程である。同時に、学ぶということは、自分と言葉とものごとの関係をつくり／つくり変えていく過程である。

たとえば、リンゴを見るときにも、食品としてリンゴを見る場合と、リンゴ生産農家の一員として見る場合とではその意味がまったく違ってくる。どちらであるかによって、学び手にとってのリンゴとの関係の仕方や意味が違うものとなる。モノとの関係が異なれば、主体にとっての意味合いが異なってくる。モノとの関係や意味の理解は、学び手の経験とコミュニケーションへの参加者相互の関係に依存している。教えるとか学ぶということは、その関係をつくり出していく過程でもある。

　つまり、学びの過程は、モノと言語記号と言葉の意味を結び合わせながら、モノに関する認識をより正確につかんでいくコミュニケーションの過程であり、同時に人と人、人とものごと、言葉と言葉の関係をつくり出していく過程なのである。だから、これをどのように構築していくのかは、教育にとって最も基本的な問題なのである。

　この章では、コミュニケーションの中でもとりわけ対話に注目し、授業における対話の意味と、対話と対話的な関係をどうつくっていくのかを論じてみる。

第2節　コミュニケーションと対話

1　コミュニケーションの分類

　コミュニケーションといっても本当に多様な形態がある。対話と対話的な関係を主に取り上げると述べたが、対話と似た言葉に「話し合い」「討論」「討議」がある。それらとの類似点や違いも考えておく必要がある。これらを考えるにあたって、平田オリザの分類と対話についての意味づけを参考にするところ

から始めてみよう（表4-1）[2]。

　平田は、演劇の脚本を書く必要から「話し」を分類し、対話に関する考察を行っている。その分類の重要なポイントは、コミュニケーションを単に形態で分けただけでなく、話し手と聞き手の関係に注目して考察している点にある。

　平田の分類は、演劇の戯曲をつくることを想定して、一般的に多いと思われる場面を念頭に分類しているので、教育の世界にはあてはまらない場合もある。たとえば、「教授・指導」は聞く意志がいつも強く、話しが長いとばかりとらえられても困る。話しの長い教師がいることも確かだし、生徒の聞く意志が強く表れている授業が相当数あることも事実ではあるが、必ずしもそうではない。これから述べていくように、教授や指導にも相互的な対話が必要だし、そういう場面を含んだ教育活動にしなければならないときもある。また、「対話」はいつも知らない他人とばかりしているなどということも本当はない。

　しかし、「話し言葉の地図」の土台にあるコミュニケーションの目的という視点、話し手と聴き手の関係という平田の視点は、教育を考える場合にも有意義である。この地図を教育の場面にとって重要な話しの種類を念頭に、話し言葉の分類を再配置してみよう。あらゆる人の発話を平田同様に、とりあえず「話し」と呼ぶ。以下は「話し」を関係性という視点から大きくタイプに分けてみる。すると2つに分けることができる。

　第一のタイプは、話し手が情報を提供し、聞き手への同意を求めることを目的としたコミュニケーションである。これには、平田のあげる演説、講義、説得、ディベート、教授が含まれる。

　これらは、話し手と聞き手の関係という点では一方的である。

表4-1 話し言葉の地図

種類	英語	発話者	数	相手・数	知己	聞く意志	場所	最初の言葉	長さ	結果
演説	Address	政治家	単	不特定多数	他人	無	広場	紳士淑女諸君	長	熱狂
談話	Speech	文化人	単	特定多数	他人	中	講演	皆さん	長	理解
説得・対論	Debate	弁護士	複	特定少数	知人	悪意	会議室	私の考えは	中	納得
教授・指導	Teaching	教師	単	特定少数	知人	強	教室	これは	長	習得
対話	Dialogue	不定	複	不特定少数	他人	中	ロビー	私は	中	共感
(挨拶)	Greeting	不定	複	不定	不定	弱	公園	こんにちは	短	親和
会話	Conversation	家族	複	ごく親しい	知人	弱	居間	あのさー	短	確認
反応・叫び	Reflection	不定	単	なし			台所	ギャー	短	
独り言	Monologue	不定	単	なし			自室	淋しい	短	寂寥

↑意識的　↓無意識的

出所) 平田オリザ『対話のレッスン』小学館、2001年、9頁。

教育の世界では、演説、講義、説得にあたる教師の行為を指して「説明」という場合が多い。しかし、「説明」というと関係性については中立的なニュアンスを持つので、ここでは「説得」という言葉でこのタイプを代表させることにする。

説得は、相手の意見や気持ちを聞いているように見えることもあるが、自身の見地を決して変えようとしない点で一方的である。同様に、ディベートも、相互にやりとりをしているようであるが、相手の意見を受け容れようとはしない点で一方的なコミュニケーションに分類される。話し手と聞き手の相互性が希薄なことがこのタイプを特徴づけている。

第二のタイプは、話し手と聞き手の合意点を探したり、つくり出すことを目的としたコミュニケーションである。これにもいろいろな形態があるだろうが、「対話」という言葉で代表させることにする。対話を、「自分の価値観と、相手の価値観をすり合わせることによって、新しい第三の価値観とでもいうべきものを創り上げることを目標としている」[3]と定義する平田の主張を基本的に採用したいと思う。

なお、平田の分類を基準にすると、上記2つに入らないタイプのものがある。それは、独り言の類である。一定の状況や関係の中で独り言も発生しているはずなのだが、さしあたりコミュニケーションの相手が不在となるのでここでは除くことにする。したがって、コミュニケーションには2つのタイプがあるといえるだろう。教育の場面でも、2つのタイプが用いられている。この章で取り上げるのは、第二のタイプである「対話」の方である。

2 対話の成立条件

　さて、平田の定義に沿って考えると、対話の成立にはいくつかの条件があることが見えてくる。

　1つは、人数の問題である。平田は、1対1を基本として考えているけれども、決してそれに限定されないとも述べている。重要なことは、参加者の相互性が確保されていることなのである。人数が多すぎてその相互性の確保が難しくなることがある。だから、人々が一堂に会する対話には、人数的な限界がある。

　しかし、主要な問題は、人数というよりは、対話参加者の相互性が条件として満たされていることである。だから、2つには、相互性が確保されることである。相互性といっても、完全に平等な関係を想定する必要は必ずしもない。しばしば対話は、対等平等な関係を前提にしているかのようにみなされて、理想的発話状況のもとでのみ成立するかのようにとらえられることがある。だが、多様な力関係のもとにある人社会の現実を見たときには、それではほとんど成立しないことになってしまう。そうではなくて、完全に平等な関係ではないとしても、互いを認め合って真理や道理に従っていこうとする覚悟を持った関係をつくり出そうとしていれば、対話は可能だ。むしろ、そういう志向を前提条件として位置づけるべきなのである。この志向の問題は、対話的関係づくりにとって重要な観点なので、後にもう一度取り上げよう。

　3つには、異質なものの存在である。対話は真理や道理に従おうとする志向があるが、その前提には意見の異なる者同士が存在することである。同じような人が集まっていると効率的だと考える人々がいるが、対話の成立にとってそれは不利な条件

となる。むしろ多様な人々がいることが望ましい。

　出会っただけでは、意見が同じかどうかわからない。それぞれが話題に関する意見表明をしてみなければわからない。同じであれば、対話は必要なくなる。その時点で対話は終わりだ。反対に、異なる点が見つかれば、合意できる見地を見つけ出そうとするコミュニケーションが必要となる。知り合い同士の場合も、意見は聞いてみないとわからない。だから、意見の一致不一致は、見知らぬ人か知人かとは関係ない。ともかく対話には、異なる意見が必須であることだけは確かだ。異なる意見を持つ者が意見の一致を求めて相互に話し合うコミュニケーション、それが「対話」なのである。

3　対話の重要性

　では、なぜ今、一方のタイプである「対話」が重要なのだろう。

　それは、多様な価値観がグローバルに交流する世界となった今、意見の異なる者とのすり合わせこそが求められているからである[4]。あるいは、今まで意見の違いがないと思われていた親密な集団の中にも、実は、多くの意見の違いがあったことがわかってきたからである。

　「郷に入れば郷に従え」という格言があるが、これは、上下関係が固定的に定められている場合に成立するものの見方である。「郷」自身が多様な人々によって日々構築されている場所と考えると、それは成立しない考え方ということになる。ゲスト（客人）とホスト（主人）という二区分が固定的である場合にはその区分自身が問題だが、ゲストがホストにいつも一方的に

話しを聞かされねばならない理由はない。演説や講義の場合は、話し手が一方的に聞き手に語る。その基本の形は、一方から他方への情報の伝達である。これらもコミュニケーションの一形態ではあるが、話し合いとはいえない。話し手と聞き手が入れ替わることを前提にはしていないからである。しかし今や、この入れ替わるコミュニケーション形態とその力が求められる時代となったのである。

　教育も同じだ。話し合いは、話し手と聞き手が入れ替わる可能性を含んでいなければならない。ここで興味深いのは平田がディベートを対話に入れていないことである。ディベートは、話し手と聞き手が相互に入れ替わり、いかにも相互的なコミュニケーションのように見える。だが、平田はこれを対話に含めない。そこには、意見のすり合わせが存在しないからだ。それぞれの立場から議論を戦わせるが、自分の立場に固執し、自分の主張を変えたり、相手の意見に賛同することはない。ゲームとしてのディベートでそれをすることは敗北を意味する。平田の卓見といえよう。

　以上のように分けることは、教育おいて説得がまったく不要だとか、対話だけが必要だと主張するものではない。対話が必要な事柄を「説得」で代替えすることはできない、と主張しているにすぎない。

　次に、教育の世界で用いられてきた「問答」という考え方と手法、これと「対話」の違いを検討することで、対話の性格をさらに明確にしていきたい。

第3節　問答と対話の話法

1　問答の特質

　ここでは、問答と対話が似ているようで、実は異なることを示す。

　近代の学校ができる以前にも、禅問答などといわれるように問答という言葉がなかったわけではないが、明治期にできた学校は、当初、教える側が講義し説明する授業であった。そうして始まった学校だったが、アメリカに留学した人たちによって、子どもに発言させる開発主義の教授法である問答法が導入されるようになる[5]。その後、教師が問いを出して生徒が答えることを基本とし、生徒の答えが正しいことを確認して終わる授業が全国に広まっていった。これ以後、様々なタイプの問答法が考案されていくが、基本は、教師が問い生徒が答えるものである。

　始めに断定しておくと、この手法は対話ではない。たとえ子どもが問い、教師が答える形式を取ったとしても、実は、対話ではない。このことを明らかにしながら、対話の性格をより正確に描いてみたい。

　問答の源流としてしばしば指摘されるのが、ソクラテスの問答法である。ソクラテスの場合は、「無知の知」といい、自分が何も知らないことを知っている分だけ優れているとし、知っているつもりになっている相手に問いかけることによって相手の矛盾や行き詰まりを自覚させて論破したり、相手自身に真理を発見させようとした。このとき用いる方法が問答法であった。

これは産婆術とも呼ばれたが、それは他人の中に、本人も気づかないうちに身ごもっている思想・考え方を生み出させるところからそう呼ばれた。

　ソクラテスの言葉を伝えているといわれるプラトンの著作から問答に関する記述を抜き出してみよう。

　「人々は質問されると、もし上手に質問が行われるならば、どんなことについてでも、それが真実にはどう有るかということを、自力で言うことができる」[6]。この規定からわかることは、問う側には質問の巧みさが求められ、答える側つまり学習者の側はすでに答えを知っていることが前提にされているということである。ソクラテスは人が生まれる前から知っているのだという主張を展開するのだが、それは当時の人間観や宗教観に規定された信念であった。今日の視点から、生まれる前から知っているかどうかという人間観自身を問題にする必要はない。教育にとって重要なことは、「われわれが、『学ぶこと』と呼んでいる事柄は、もともと自分のものであった知識を再把握することではなかろうか」というものの見方である[7]。この見方が妥当かどうかを吟味することである。

　引用した文章の趣旨は、学ぶということは学習者に想起させることであり、問答法とは想起させる巧みな質問をすることという把握である。想起とは、過去に知っているはずの事柄を正解の言葉として思い起こさせることとされていたのである。

　ところで、答える側は何を想起してもよいかというと、そうではない。

　答えるべき事柄は決まっていた。もちろん問答法は、問いかける側については自分自身を吟味にかける観点がまったくな

第4章　対話的な関係・対話的な授業をつくる

かったというわけではない。また、教育に即していえば、学ぶ側に想起をさせることが重要な場合も確かにある。その限りでそれなりの意味を持つ。だが、この問答法は、ソクラテスと弟子たちの問答においてもそうだが、問いかける側の想定した答えへの誘導という性格を強く持つ。答えるべき事柄は決まっているのである。この点に、問答と対話を区別する最大の違いがある。

2　誘導としての問答

　ここでは、ソクラテスの問答法に学んだ林竹二の授業を例示しながら、それが誘導的性格を強く持っていることを確認しておきたい[8]。

　　教師：これは何ですか（池の中央にあるビーバーの巣の写真を見せる。堤防はうつっていない。引用者付記）。
　　子どもたち：ビーバーの巣だ。
　　教師：ではまわりの水は？
　　子ども：みずうみ、かわ、ぬま、……かわ、かわ、かわ。
　　教師：では、ビーバーはこういうところを見つけて、ここがよさそうだといって巣をつくったのか？
　　子ども：本で読んだんだけど、ビーバーは川にダムをつくって、その上流に家をつくるとあった。だから、ちがう。
　　教師：ダムをつくるのは、何のためか？
　　教師：流水をせきとめるためだが、それはまた何のためだろう。
　　教師：せきとめればどうなる？

子ども：水があふれる。
教師：あふれるが、せきとめられた川はどうなる？
子ども：ふかくなる。
教師：そう、それが大事なことでないか。なぜそれが大事か？
教師：では巣の内部を特別に見せてあげます。巣の入り口は水のふかいところについていますね。これは何のためだろう？

こんなふうに続く。小さく問いかけ、子どもの答える方向をかなり限定し、子どもの意識を方向づけている。子どもたちは、教師に導かれながら、最初は意識していなかったビーバーがダムをつくることで外敵から身を守っていることを言語化していく。授業者であった林は、外敵から身を守るためにせき止めた巣の入り口が深いところにあるなどとは一言もいわない。正解の言葉をいわないことが巧みということであれば、林は巧みに質問を提出している。だが、林には、このとき、想定した正解が揺るぎなくあらかじめ存在していた。このように、その答えを教師自身がいうことなく、子ども自身が気がついて語ったかのように展開していくのが問答なのである。

ソクラテスに起源を持つとされる問答は、さらに、宗教改革以降の教理問答書を用いた宗教教育において注入暗記の教育観と結合していった。これが、学校の授業に取り入れられ、授業の方法の一つとして採用されることとなり、現在も続いている[9]。現代では、これを発問づくりに組み換えることで、注入暗記の授業と決別しようとする動向が支配的となっている。しかし、私は、発問づくりという方向だけでは、不十分なのだと

考える。問い-答える関係の転換がさらに必要であり、その方向は、問答が対話に開かれていくことなのだと考える。

それは、あらかじめ想定した解へと到達することで終着とする問答から、それぞれの意見表明を受け止め合うことや、新たな合意点をつくり出すコミュニケーションのある対話へと開かれていくことである。

子どもたちが十分に意識していない事柄を意識させ、思い起こさせる程度の問答が必要な局面も授業にはあるだろう。だから、注入暗記に終始する誘導尋問は問題外だとしても、いわゆる問答が一切不要ということではない。しかし、それは、対話ではない。

対話の必要性は、意見の異なる人が存在するからであり、後からこの世界にやってくる者たちと社会をつくらなければならないからである。世界を共につくろうとするならば、意見の異なる者、すなわち子どもたちの語る真実や主張に耳を傾けることから始める以外にない。その基本は、対話である。共にある人と合意をつくりながらしか、私たちは世界を生きられない。

では、そういう対話をどうつくりだすのかを次の節でさらに考えていきたい。

第4節　対話的関係を始める

1　討議と討論、問答と対話

物事を決める討議と、決定はしない討論は区分されてきた。たとえば、真理を多数決などの討議で決することはできないから、議論だけして終える討論が存在するとされてきた。討議は、

どちらかといえば、自治活動における行事の内容の決定などとして実施されることが多かった。討議と討論との区別は、最後の決着をつけるかどうかだけで判断されることが多かった。しかし、ここでは討論の内側に分け入って考えてみたい。

まず、すでに述べたように問答と対話を区別していく必要があることを指摘しておきたい。対話は、明らかに討論の側に属する。問答は、絶対権限を持った教師が一方的に正しい答えを決定していくという意味では、多数決によらない民主主義にも欠ける討議といえなくもない。しかし、学校現場では、問答と対話は明確に区分されておらず、問答による話し合いを「討論」とみなし、教師の予定した正解を決定することが授業ではしばしば行われてきた。だが、それは意見のすり合わせがないから対話とはいえない。また、問答が討論だというと、本来の問答の定義と矛盾してしまう。問答は、討論や対話ではないことを確認しておこう。

2 「問答から討論へ」という構想の検討

これまで授業を研究してきた側の到達点は、一斉問答から個人問答へ、そして、討論へという道筋で話し合いをつくっていくと考えられてきた[10]。この場合には、問答と対話は未分化なままで、問答を契機に話し合いをつくり出そうとする構想であった。そのつくり出し方に問題はないのか、本当にそれが対話をつくる契機となるのかどうかを探ってみたい。

一斉問答と個人問答の仕方自体を教えながら、授業実践を簡潔に展開したのは、中学校の国語教師であった前沢泰である。前沢は、4月の授業開きとそれに続く授業において、授業の受

け方と説明文の読み方の基本を教えていく[11]。そこでは、教師の話しの聞き方（教師の方を注目して聞いたり、「聞こえません」「わかりません」など）や発言の仕方（一斉にいうとき、挙手していうときのサインなど）と班話し合いの仕方（班話し合いの残り時間が示されたらまとめに入るなど）が導入され、同時に文章の読み方の基本として５Ｗ１Ｈという問いかけの基本が教えられていく。具体的教材に即してそれらが教えられていく。どこを見て話しを聞くのか、疑問を出すことだけから始まる班話し合いなど具体的にやって見せ、授業の受け方を一斉問答と個人問答を組み合わせながら導入する。そして５Ｗ１Ｈに注意して文を読むと初めての文章でも覚えてしまうことを実感させながら、生徒と問答をしていく。

　前沢の巧みさは、生徒に話すことに慣れさせていくことと、話すスタイルの基本の導入にまず現れている。対話を始める場合にも、こうしたスタイルの指導は一方に必要だ。前沢のスタイルが最善かどうかではなくて、あらゆる話し合いにはそれぞれに必要な行動の仕方が存在する。このスタイルの指導が、教師と子ども、子どもと子どもの関係の仕方を教えている。聞こえないとき「聞こえません」といい、わからないとき「わかりません」ということを教えるのは、学習のスタイルだが、そういえばそれに応える関係が学級にあることを示している。そうした関係づくりなくして対話は始まらないと考えられてきた。この「わかりません」などに見られる認識の分裂が、対話や討論に発展する契機と考えられていた。

　もう１つ前沢が意識していたことは、ただ行動の形を教えるのではなく、教科的な分析の基本とつなげていることである。

これも継承していくべきポイントであろう。一定の分析方法を知っていると、考えていく着眼点や思考の進め方が見えてきて、何らかの解を導き出せることになる。それが、「わかる」ことにつながって、討論することの実質的な意義を実感させることにもなっていた。教科的な分析方法＝学習方法が基準となって討論が発展すると考えられていた。

このように、発問による討論、思考方法・学習方法の指導、授業における班やリーダーの指導など、そのありようの発展も含めて構想されていた。そこには授業をつくるうえで不可欠な観点が含まれていた。

しかし、問題があった。前沢の授業の組み立て方は巧みなのだが、対話をつくるという観点からは、さらに発展させる必要がある。前沢の場合、説明文の読み取りを授業としてどう構築するかが問題であって、途中子どもの認識の分裂を生み出したとしても、教師の予定した正解に至る問答をどうするかにとどまっていた。つまり、対話が意識されていないのである。授業への入門期という制約もあると考えられるが、対話的な契機が授業の構想に十分に組み込まれてはいないと思われる。生徒の意見が分かれた場合、そこから討論すれば、やがては正解と考えられる認識に到達するとみなされていたように思われる。確かに、前沢も討論に慣れることを重視し、そのための他者と関係する身体、あるいは生徒の声を聞くシステムをつくっていた。しかし、それは、問答の作法の枠組みの内にあったか、問答という様式が支配的であったといえるのではないか。

対話の話法に即した関係のスタイル、他者の声を聞くことや他者の中に自己を見る発想からのスタイルがさらに必要なのだ

と思われる。実践的に問答の作法から教えるのか、それとも対話の作法から教えるのかをさしあたり定めることはできないが、2つが教えられる必要があるとはいえよう。

第5節　対話的な関係につなぐ

1　対話のためのテーマ

　では、いかに対話的な関係をつくり、対話の作法を教えていくのかについて、これまでにわかっていることを提案してみたい。

　今、支配的な授業の話法は、伝達の話法だ。教えるべき内容として、知識や技能そして道徳の項目が決まっていて、これをいかに教えるかに腐心している。うまく教えるとは、管理された内容のより正確なコピーを生み出すことになっている。問答法も伝達の話法の典型であると述べてきた。「問答法」という、予定した正解をいわせてしまう方法とは異なるアプローチが必要である。とりわけ、思想や価値判断にかかわる事柄、あるいは一義的に解答が定まらないはずの事柄、さらにはいまだ合意には至らない問題の場合や集団状況の場合には、対話の話法が重要となる。

　対話の話法とは、相手の主張に自分の意見を変えたり、新しく合意できる見解をつくり出す話法であった。そして自己の意見を主張しながら、相手の声に耳を傾ける話法であった。さらに、意見の一致をみないときには、複数の見解のままに棚上げにしておくこともあるし、思想・信条や価値観にかかわる場合には討論で決定をしない作法を持つ話法である。これらのこと

を考慮すると、まずはテーマが問題となる。テーマによって対話が生まれたり、生まれなかったりすることになるだろう。参加者にとって意義あるテーマでなければ、自己を表現したり、他者の意見を聞く気になれないからだ。

たとえば、価値判断の分かれるテーマを設定して討論を行うことが必要だ。「中学校の制服は是か非か」、「教師は子どもがいうことを聞かない場合、怒鳴ってもいいか」、「子どもの喧嘩に親は口を出してもいいか」など、意見が分かれそうなテーマであって初めて討論が可能となる。語り出すことに意味が見い出せない中では、対話は生まれようがないからである。

このとき大切なことは、事実を集めることだ。テーマを何の事実もなしに話し合っても平行線をたどるだけだ。具体的にどんな事実があるのか、そこにどんな問題点があるのか、どんな声がそこにあるのかを調べ上げていくことである。この事実を踏まえない話しは、何の意味もない。このところ広がっている話し合いのスキル論が陥る問題は、その無内容性にある。内容のない話し方のスキルに納得する者はない。

そのうえで、教師は、一方的にまとめたりしないこと、一方の見解で決着させない対応が不可欠となるのである。ともかく、討論する機会が設定されなければ始まらない。

2　対話の話法へ

次に、対話の話法がマナーとなるためには、次のような応答の仕方が必要だろう。対話の話法は、技術的手法ではなくて、むしろ思想の形である。

　1）子どもの主張の真意・意味合いを尋ねる。言葉の表の

意味だけでなく、その裏側にある意図をくみ取っていく必要がある。だから、子どもの主張の由来・事情を尋ねるといったことも必要となる。場合によっては、教師が積極的に、子どもの言動の意味を複数に解釈してみせ、どの意味なのかを尋ねたり、時にはそれ以外かを尋ねてみることがあってもいいだろう。

2）子どもの主張の世界を子どもの視点の側から描いてみる。疑うことなく、その世界から見ると、こちらの世界はどう見えるのか、一度納得してみることが必要だ。

3）意見を表明しない自由のあることを明示しておく。対話だからといって、いつも意見表明しなければならないわけではない。意見表明させない方がいいこともある。思想・信条やプライバシーは語らない自由がいつでもある。

4）対話の過程で合意が得られた場合も、暫定的合意点であることを強調しておく。

対話の話法の基本は、声を聞くこと、根拠を追究することにある。そこで重要なことは、声を発する者と発することが難しい者とがいることを踏まえることだ。そのうえでそれぞれに敬意を払う意味で納得できる根拠を追究し合うことだ。ここを曖昧にするとマイノリティを今一度貶めることになる。だから、決して、新学力観の指導論のように「答えは色々ある」「それもいいね」などということではない。当然、一方的に答えをまとめ上げていくことでもない。こうした対話の話法をさらに発明することが期待される。

問答ばかりの話法から対話の話法へ開かれることによって、

教師の専門性の剥奪や矮小化を超えていくことも不可能ではない。なぜなら、対話に耐えうる教科内容研究や教材研究がいっそう求められることになり、子どもたちや社会にある声を聞けば、公認のものの見方を超えていく可能性がそこにあるからである。国家に絡め取られたその狭隘な通俗的な解釈を超えて、真実を学ぶ機会がそこに生まれるかもしれないからである。そういう対話を通じて、合意の世界が広がるとともに、閉じられた子どもにとっての学ぶ意味が解放されることになるのである。

まとめ　対話的な授業をつくる

　授業のトレンドとして、1990年代は独り言の時代だった。「それもいいね」とすべて認めるが、人の意見に絡むことがない授業がひろがった。「個性化」というスローガンが授業で具体化されると、一人ひとり好きなことをやっている授業となった。集団の中の「独り言」状態とでもいうような教室風景が広がった。

　その後、学力低下論に引っかけて「好きなことをやっている」部分が批判されるようになると、黙々とドリルを強要する授業が20世紀末から21世紀の初めにはトレンドとなった。相変わらず、対話はない。

　言語力が低下しているという調査結果が流布すると、コミュニケーション・スキルという技術論と1970年代から1980年代に当たり前のように行われていた授業の話し合い技術に注目が集まるようになった。

　以上のように、対話を軽視したり、対話を技術問題に還元してしまってよいのか、それがこの章の問題意識である。

　そこで、ただ単に言い合うものは、どんなに活発に見えても対話的な授業とはいえないと考えた。いいたいこともないのに、形だけ教えるスキル論の醜悪さから抜け出す必要があるとも考えた。まして、戦前からある、特定の答えをいわせてしまうやり取りも違うと考えた。では何が対話のために最低限必要なの

> か、と考えたのが本章である。1つはテーマであり、2つは子どもの声を聞くことにあるという解を提出してみた。そうした解が出てくるのは、子どもと社会との関係、子どもと教師の関係に関する洞察に依拠している。決して技術問題をおろそかにするつもりはないが、志のないところに対話は生まれないということは知るべきなのだと思う。

註

1) 尾関周二『言語的コミュニケーションと労働の弁証法―現代社会と人間の理解のために（増補改訂版）』大月書店、2002年、参照。
2) 平田オリザ『対話のレッスン』小学館、2001年、9頁。
3) 同上書、155頁。
4) ドミニク・S・ライチェン、ローラ・H・サルガニク著、立田慶裕訳『キー・コンピテンシー』明石書店、2006年、参照。
5) 豊田久亀『明治期発問論の研究』ミネルヴァ書房、1988年、参照。
6) プラトン著、岩田靖夫訳『パイドン』岩波書店、1998年、55頁。
7) 同上書、64頁。
8) 林竹二『林竹二著作集7巻　授業の成立』筑摩書房、1983年、93-94頁。
9) 豊田ひさき「発問づくり」日本教育方法学会編『現代教育方法事典』図書文化社、2004年、310頁。
10) 愛生研学習集団研究部会編『学習集団の指導技術』明治図書出版、1991年においては、それを基本路線として採用していた。
11) 前沢泰「中学校における授業の受け方・学び方の指導Ⅲ」大西忠治・服部潔・坂本泰造編『授業の受け方・学び方の指導』明治図書出版、1986年参照。

第5章

学級を問い直す
── 学級の「近代」と「現代」──

第1節 「学級の『近代』と『現代』」という問題意識

　学級とは何か。これは、あらためて問われるべき課題ではないように見える。誰しも認めるように、現に学校での日々の教育実践の組織的基盤が学級であり、たいていの場合、学級は、学習指導のための組織としても、そして生活指導を展開するうえでの基礎単位としても機能しているからである。

　学校での生活と学びを指導する実践基盤であるという日常から見れば、確かに学級は一見明白のように見えよう。しかし、ひとたびその意味や意義を掘り下げて考えようとすると、じつはさほど自明となっているわけではないことに気づく。というのは、制度としての学級は、それ自体何らの変更も加えられずに存続し続けて今日に至っているわけではないからである。同時に、制度としての学級の変遷は、そのときどきの時代を映して制度性格（制定されたシステムが内に含むことになる特質）においていくつかの大きな転換をともなってきたという事情もあるからである。そればかりか、制度上は一応安定的であったとして

も、編成行為レベルでは多様な観点(たとえば、単式か複式か、能力別や習熟度別によるのか否か、ティーム・ティーチング等の指導者組織をどのように工夫するのかといった観点など)からの編成の仕方があり、これが逆に学級の制度性格に影響を及ぼすという複雑さもある。今日の「教育改革」ではとくにそうである。あるいは、求めようとする学級観の論者による違いもあるし、さらに教育実践の質がおのずとさかのぼって意味付与する学級の多義性もある。したがって、一見自明のように見える学級は、その内実を探ろうとすると、じつは必ずしも自明ではなく、なおも検討すべき課題を多く含みもっているのである。加えて、自明だととらえてしまうと、その中の暗黙の前提を逆に不問に付すことにさえなりかねない。

　そこで、この章では、学級とは何かをあらためて考えてみることにしよう。とくに、ここでは、この課題に迫るために、「学級の『近代』と『現代』」という視点を設定してみることにする。

　「学級の『近代』と『現代』」という視点は、学級の過去の事細かな実証主義的な詮索に終始するのではなく、その「近代」的特質の全体を理解すると同時に、連続と非連続においてその「現代」的方向をいささかなりとも解明したいという問題意識によるものである。それは、教育研究の方法論からみれば、「論理的なるもの」と「歴史的なるもの」との区別と統一の問題にかかわる。この点については、「歴史的方法は論理的方法なしでは盲目的であり、論理的方法は実際の歴史の探究なしでは具象性に欠ける。これらの方法の統一にもとづいて、対象の発展史も、またその今日的構造も、必要に応じて特別な研究対

象にすることができる」[1] といわれる。学級とは何かを明らかにするためには、このように「論理」と「歴史」をつなげて検討することが方法論上有効である。「『近代』と『現代』」は、「論理」と「歴史」をつなげるという方法を内容的に焦点化した視点である。

とはいえ、「近代」と「現代」の区別と関連の解明がきわめて難しい課題であることは、間違いない。というのは、歴史学における時代区分としては一応了解される場合はあるにしても、歴史哲学では何が「近代」であるのかは各論者によって異なるし、また、時代区分としての「近代」といっても、それは一枚岩ではなく、実際には差異と多様性を含んだ複合としてあるからである。さらに、個別の対象に即すということを加味すれば、なお複雑となる。「現代」という場合も同様である。どのような時代であっても、「旧」に対する「新」という意味で「現代」が語られてきたし[2]、どこからが「現代」であるのか、それは何を指示するのかも多様なのである。加えて、よくいわれるように「モダン modern」とか「モデルネ Moderne」なる語にも、そもそも「近代」と「現代」の両義性がある。

それゆえに、両者の区別と関連の解明は、興味深いが、しかし相当に困難な課題である。教育学研究ではなおさらそうである[3]。それにもかかわらず、ここであえて「学級の『近代』と『現代』」という視点を設定しようとする[4] のには、次のような意図がある。

つまり、さきに述べた問題意識をさらにくだいていうことになるが、明治期以降を「近代」ととらえる時代区分上のある意味での一般常識にとりあえずはもとづきながら、それ以降の学

級の展開を差異と多様性において検討することで、なお単なる時代区分を超えたその近代的特質を概括するとともに、その内で継承されるべきものは何であり、しかもその継承されるべきもの自体に限定してこれを批判的に検討することを通して、学級の「現代」への進展を考察してみたいという意図である。そのため、「現代」に関しては、これを第二次大戦以降ととらえる一般的な時代区分には拘泥しない。

念のためにいえば、こうした理解は、論じる内容と文脈は異なるにせよ、たとえば社会哲学的には、ハーバーマスのいう「未完のプロジェクト」としての「近代」理解[5]を一面では想定するものである。ハーバーマスは、近代的な啓蒙的理性に対する不信と批判に抗して、目的合理性とは異なるコミュニケーション的理性を提起し、理性の再生を求める文脈で「近代」を「未完のプロジェクト」と理解している[6]。あるいは教育思想史的には、宮澤康人のいう「近代の帰結としての現代」理解[7]や、代表的な公教育思想の研究でいえば、「近代」の矛盾構造と「現代」との交錯関係の解明を試みた先行研究[8]の関心とも通底するものである。したがって、ここでの理解は、ただちにポストモダニズムの立場に立脚するものではない。とはいえ、「現代」を「近代」の完成や延長として一直線に短絡的にとらえたり、「近代」から見て「現代」を裁くものでもない。

いずれにしても、「近代」と「現代」を、そして両者の区別と関連の内容を、あらじめ措定して演繹的に考えるのではなく、個別対象としての学級の変遷と今日的動向を検討する中で、それの近代的特質と現代的課題を多少なりとも明らかにするというのが、ここでの立場である。

とくに以下では、前半で、制度ならびに制度性格としての学級の「近代」における変遷を概観するとともに、「現在」の「教育改革」における編成行為レベルでの学級改編の特徴と問題点を検討する。そして後半では、制度ならびに制度性格とは相対的に異なる意味付与レベルで、学級を基盤にした教育を重視して独自の意味を込めてきた代表的な学級観を吟味し、その批判的発展の方向を提起する。それらを通して、学級の「現代」への進展を、したがって学級とは何かを、考えてみたい。

第2節　制度・制度性格としての学級の変遷

制度としての学級が実定法上でどのように変遷してきたのか、また、それにかかわって制度性格がいかなるものであったのかをまずは概観してみよう[9]。

学級という概念が日本で制度上明確に規定されたのは、1891（明治24）年の文部省令第12号「学級編制等ニ関スル規則」においてである。文部省によるその「説明」では、次のように述べられている。「本則ニ於テ学級ト称スルハ一人ノ本科正教員ノ一教室ニ於テ同時ニ教授スヘキ一団ノ児童ヲ指シタルモノニシテ従前ノ一年級二年級等ノ如キ等級ヲ云フニアラス故ニ其ノ一学級ハ一学年ノ児童ヲ以テ編制スルコトアルヘク又ハ数学年ノ児童ヲ合セテ編制スルコトモアルヘシ」[10]。

この規定から、学級の構成要件は、①「一人ノ本科正教員」、②「一団ノ児童」、③「一教室」であると特徴づけられてきた[11]。確かに、この3点が学級の構成要件であることは、おのずから理解できる。ただし、その中でも最も重要な特徴をあ

げるとすれば、教授のために編制された、ある程度恒常的な被教育者の団体を意味する「一団ノ児童」という要件であるといってよい。なぜなら、学級を受け持つ教員数規定も重要ではあるが、それを超えて、このような「団体としての学級」という規定の仕方は、それまでの「級」の意味内容の変更を迫るものだったからである。そうとらえることができるのは、次のような事情による。

　上の規定以前にも法令中で学級なる用語は登場している。少し遡れば 1886（明治 19）年の文部省令第 8 号「小学校ノ学科及其程度」においてである。そこでは、尋常小学校では 80 人以下、高等小学校では 60 人以下の児童数の場合は教師 1 人で教授し（第 5 条）、教師 2 人を置く場合には 2 学級を設け、児童数 120 人を超えるときは 3 学級を設置すべきである（第 6 条）とされていた[12]。これは、前年（1885〔明治 18〕年）の「修業期限一箇年ヲ以テ一学級トスヘシ」とする「修業期間としての学級」（事実上は学年を意味していた）とは異なった「教授組織としての学級」の登場であったと特徴づけられている[13]。ただし、その際には「等級」と「団体」という二重の意味が前提にされていた。つまり、学級は、子どもたちを学力別に編制するグレード（等級）を意味し、同時に学力別に編制された子どものクラス（団体）をも意味していたのである。このことから見れば、さきの 1886 年時点での学級規定には「児童の集団とみる立場が明瞭に現れている」[14]と評されるのもまた、一面では頷けないことはない。しかしながら、「教授組織」にせよ「児童の集団」にせよ、そこには受け持ち児童数としての学級という明文化された規定はあっても、なお等級制の廃止が明瞭に述べ

られていたわけではなかった。

　これに対して、学力別階梯の仕組みである等級制からの転換を明文化したものこそ、さきの1891年の学級の制度的規定にほかならない。つまり、「学制」以来上等・下等小学校各8級に細分化され（1881〔明治14〕年の文部省通達第12号「小学校教則綱領」では初等・中等・高等各3年、1886〔明治19〕年の小学校令では尋常・高等各4年）、半年ごとの試験による進級制（原級留め置きや飛び級が行われていた）を採っていた等級制を廃止し、したがって学力別階梯という枠組みを取り外し、そうすることで残る、教授のために編制された子どもたちの「団体」を「級」の唯一の意味としたのである。

　ところで、学力別階梯としての等級制の廃止とはいっても、当時の学級が、今日のそれと同一であるとまではいえない。日本の学級制がそもそも同年齢集団によるものであるという理解が一部にあるが[15]、そのように即断するのはいささか早とちりである。今日の学級は、年齢によって編成される年齢別学級であるが、当時の学級は、これとはまったく異なり、年齢、学力において多様な子どもたちをとにもかくにも一教室に「一団」として編制するものであった。そして、その際の学級規模は、尋常小学校では1学級70人未満、高等小学校では60人未満であった。こうした規模において、年齢別や学力別という編制基準を採用せずに、年齢や学力の異なる子どもたちをともあれひとまとまりに編制したものが、日本における「学級」の起点だったのである。さきに学級の最重要の特徴を何よりも「一団ノ児童」という要件に求めた事情は、ここにある。

　この「団体としての学級」規定は、教育施設の簡易化、経費

の節減などの経済的安価性、教育の普及という理由によるところが大であった。ただし、念のためにいえば、「一団ノ児童」ではあっても、満 6 歳をもって就学し、尋常小学校の修業年限は 4 年間（1907〔明治 40〕年の勅令第 52 号「小学校令中改正」で 6 年間）という定めから、おのずからある程度の年齢基準がそこには潜んでいたと見てよい。その後、90％を超えるほどに就学率が上昇し、1900（明治 33）年の文部省令第 14 号「小学校令施行規則」で教科目教授の各学年配当が明示されるとともに、進級・卒業試験が廃止され「平素の成績」の考査によると規定されることで、潜んでいた年齢基準が前面に現れるとともに、それに応じて逆に課程主義が予定調和的に埋め込まれて、「団体としての学級」から「年齢別としての学級」へと移行していくのである 16)。

　ところで、このような経緯で成立する年齢別の学級制がさらに変更されるのは、1941（昭和 16）年の勅令第 148 号「小学校令改正」(「国民学校令」) の「施行規則改正」によってである。この「国民学校令」において、「皇国ノ道」に則り (第 1 条)、修業年限 6 年の初等科と 2 年の高等科を義務化して (第 2 条および第 3 条)、「施行規則改正」第 50 条で「一学級ノ児童ハ初等科ニ在リテハ六十人以下、高等科ニ在リテハ五十人以下トス」と定められた 17)。つまり、すでにこの時点では成立している年齢別学級の規模をいずれも 10 人ずつ縮小するいう変更が行われたわけである。

　さらに、この戦時下における初等科 60 人学級・高等科 50 人学級が改正されるのは、1947（昭和 22）年の文部省令第 11 号「学校教育法施行規則」においてである。そこでは、「小学校の

一学級の児童数は、五十人以下を標準」(第18条)とし「同学年の児童で編制することを原則とする」とされ、また、中学校でも「これを準用する」とされた[18]。このような改正は、たしかに学級規模の上限を示した制限規定から上限を示さない標準規定への変更[19]とはいえる。しかし、単にそれにとどまると見るべきではない。何よりもそれは、教育勅語体制下とは決定的に異なる憲法・1947年教育基本法制下における学級規定として位置づけられるべきものだからである。

たとえば、男女共学はその好例である。前述の「学級編制等ニ関スル規則」では、女子は、性質も風習も処世の業務まで異なるのだから1・2学年を除いて原則として男女の学級に分けるべきであるといわれた[20]。また、「国民学校施行規則」でも、同様に「同一学年ノ女児ノ数一学級ヲ編制スルニ足ルトキハ男女ニ依リ該学年ノ学級ヲ別ツベシ」(第51条)と規定された[21]。これに対して、「学校教育法施行規則」中の学級編制規定上では男女共学は見あたらないが、その大もとである1947年教育基本法第5条はすでにこれを次のように明示している。「男女は、互いに尊重し、協力し合わなければならないものであって、教育上男女の共学は、認められなければならない」。この変更は、文字面の男女相互の「尊重」と「協力」に尽きるものではない。「戦後の国民が男女共学を支持したのは、けっしてたんなる『男女の相互理解』というような次元からの問題ではなかった。『家』を中心とする家族主義的な男女差別を克服すること、婦人の政治的参加権を確立すること、男女労働者の同一労働・同一賃金を確立することなどが、共学を支持したことの背景にはひそんでいる。したがって、共学問題は、これらとの

関連において進展してきたのであって、教育の内側の問題であると同時に、外側の問題でもあった」[22]といわれる。男女共学の思想と要求が、内側だけではなく外側の問題から学級編制に具体化されたと見るべきなのである。

ところで、このことは、教育勅語体制下と1947年教育基本法制下における学級がその制度性格においてまったく異質であることを意味しているにほかならない。「学級編制等ニ関スル規則」以降、学級教授は、全校児童を1学級に編制する単級学校で展開されることが多かった[23]。単級教授が、それである。単級教授は、その内部では子どもをいくつかにグルーピングして（「組」）、一方で同時同学科（異教材・同教材、同程度・異程度）と同時異学科（異教材・同教材）を複雑に組み合わせながら授業を行い、他方で「人物の統一」「従順の気風」「規律の習慣化」などの強調にみられる支配と服従の権力関係、「公協心」「公共心」を形成するための学級内訓練組織（生徒長・級長・組長など）の設定による役割関係、「師弟ノ情誼」「生徒の親睦の情」「師弟間家族的の情誼」などの情緒主義によって、総体としての家族主義的共同体秩序の確立と維持を求めた[24]。そして、年齢別学級が成立する中で前者の教授方式の複雑さは解消されはしたものの、後者の特質は、自由教育や生活綴方教育や新興教育の展開において実践的には相対化されたとはいえ、その後も制度性格としてはなおも付与され続けた。それどころか、その性格は、国民学校令下で、まさに「皇国ノ道」に則って「皇国民育成をめざす知育・徳育・体育の総合基礎教育の推進をはかり、総力戦体制に即応した官公立小学校中心の初等教育を創出する」[25]ための実践基盤に回収されていったのである。

これに対して、憲法・1947年教育基本法制下での学級は、教育勅語体制・総力戦体制下での家族主義の浸透や臣民の錬成のための組織基盤ではなく、反対にそれを否定して、教育の自由・自律性の尊重に基づく「人格の完成」のための民主主義教育の組織基盤として出発した。ここに、学級の制度性格の大転換があるといえるのである。

　それ以降、制度としての学級に関しては、学校教育法施行規則で学級数や原則としての同学年編制が規定され、加えて1958（昭和33）年の「公立義務教育諸学校の学級編制及び教職員定数の標準に関する法律」の制定によって、学級規模の標準が示されることとなった。当初のこの「標準法」では、50人学級であったが、その後1963（昭和38）年の改正で45人学級、1979（昭和54）年で40人学級と改められ、2003（平成15）年には都道府県・市町村の判断による40人以下学級の弾力的編制が認められて今日に至っていることは、よく知られている。だが、こうして学級規模が縮小されてはきたが、その間、1947年教育基本法制下での学級の制度性格は変更されることなく、保持され続けてきたのである。

　ところが、その性格は、今日、いわゆる「教育改革」およびその一環である教育基本法の「改正」や学習指導要領の改訂などの中で大幅に変更されることとなった。それは、編成行為を介した制度性格の変更にほかならないといえよう。

第3節　編成行為の対象としての学級

　今日、制度としての学級の完全廃止を求めているものは皆無

である。だが、制度としての学級はなお安定的ではあるが、編成行為における学級は多様な意味が付与され、再編されようとしている。中でも今日の「教育改革」に見られる、年齢別生活集団に特化しようとする学級改編の方向は見過ごせない。

　今日の「教育改革」は、もともとは臨教審に由来するとはいえ、時期的には、教育改革国民会議にひとまずの起点を持つ改革であり、思想的には、ネオ・ナショナリズムと市場原理主義を優先させたネオ・リベラリズムとの輻輳に貫かれた改革である。この「教育改革」における学級改編の基本構図については、『教育改革国民会議報告——教育を変える17の提案』（2000〔平成12〕年12月）で、次のように述べられている。「小・中・高の各段階において基礎学力の定着を図るために、少人数教育を実施する。習熟度別学習を推進し、学年の枠を越えて特定の教科を学べるシステムの導入を図る」、「学級編成については、教科や学年の特性に応じて、校長の判断で学校の独自性を発揮できるようにする。生活集団と学習集団を区別し、教科によっては少人数や習熟度別学級編成を行う」。直接学級編成にかかわる提言は、『報告』中このわずか数行でしかない。だが、ここには、重大な改編内容が盛り込まれている。つまり、①制度としての学級は堅持する、②編成行為については学級を「学習集団」と「生活集団」に分離する、③「学習集団」においては少人数・習熟度別を行う、という内容が示されているのである。それは、学級制は変更せずに編成行為として「生活集団」と「学習集団」を分離して、教育改革のイデオロギーと重ねてみれば、前者にはネオ・ナショナリズムを、そして後者にはその弾力的編成によってネオ・リベラリズムを役割分担的に浸透さ

せる方向にほかならないといえる。

　この構図は、それより前に教職員配置のあり方に関する調査研究協力者会議の『今後の学級編制及び教職員配置について(報告)』(2000〔平成12〕年5月)で次のように提言された内容と基本的に同一である。「特色ある教育課程の編成、少人数授業などきめ細かな指導、総合的な学習の時間や各教科の指導における多様な指導形態・指導方法を導入できるよう、一元的な学級のとらえ方を見直し、今後、学級は生徒指導や学校生活の場である生活集団としての機能を主としたものとして位置付け、これまで一体のものとして含まれていた学習集団としての機能については、学級という概念にとらわれずより柔軟に考えることが効果的と考えられる」。そのため、これにかかわって「今後、『学級』は児童生徒の所属する生徒指導や学校生活の『場』である『生活集団』に限定し、他方、たとえこの学級単位で学習指導が行われる場合が多いにしても、その集団は『学習集団』として学級とは別に編制してい」[26]くものと特徴づけられたりもするわけである。

　課程主義のための基礎集団としての「級」と年齢主義による生活の基礎集団としての「組」という区別[27]に従うならば、「教育改革」ではこのように学級を「組」に限定するという方向が謳われているのである。しかもその特徴は、一方で「組」としての「生活集団」に関しては、ナショナリスティックな共同体主義とでもいえる精神を浸透させようとする点にある。たとえば教育基本法の「改正」も、「豊かな情操と道徳心」、「国家的公共」を意味する「公共の精神」、「伝統・文化」の継承、「国と郷土を愛する心」などの、本来あってはならない、法に

よる教育目標の細部にわたる統制を介して、結果としてこれを暗黙裏に学級の制度性格にまで、必然的に浸透させるものにほかならない。そして他方で「学習集団」に関しては、その弾力的編成によって習熟度別編成などを可能にすることで、「市場の社会的深化」(テッサ・モーリス＝鈴木)の教育版として「級」を顕わに強化して、教室の内外で競争的秩序の確立を志向しようとする点に特徴がある。したがって念のためにいえば、こうした学級改編は「組の解体」、あるいは「級の弱体化」と特徴づけられたこともあるが、ことの真相はまったく逆なのである。

しかも、このような学級改編は、今回の学習指導要領の改訂でいっそう具体的に助長されることとなった。

俯瞰すれば、今回の改訂をめぐっては大小を問わず多くの特徴や問題がある[28]。たとえば、学校5日制に関連した授業時間数の削減を一変させて、5日制のもとで小・中学校で授業時間数増をはかったり、教科によっては授業時間数増を超えて教科内容を増加させる等々の特徴がある。また、そもそも中教審答申(『幼稚園、小学校、高等学校及び特別支援学校の学習指導要領の改善ついて』2008〔平成20〕年1月)の内容においても、最初から広範な意味を含ませていた「生きる力」に、さらに知識基盤社会・グローバル化の中での対応能力や、DeSeCo (「コンピテンシーの定義と選択：その理論的・概念的基礎」プロジェクト)が分析・デザインした「キー・コンピテンシー」[29]や、自分への自信や、後述の学力の三要素などをも、まるで「後出しじゃんけん」のように包含させてその意味を拡大・濫用しながら、「生きる力」は変わらないと謳う矛盾、さらにそう謳いながらも、そのために創設された「総合的な学習の時間」は「天につばをする」か

のように縮減させるといった矛盾がある。あるいは、「ゆとり」と「詰め込み」の二項対立を越えて「基礎的・基本的な知識・技能の習得とこれらを活用する思考力・判断力・表現力等をいわば車の両輪として相互に関連させながら伸ばしていく」ことを強調し、これまでの「指導から支援へ」を一変させて「教えて考えさせる指導」を提起しながら、基礎・基本の習得と活用力の形成とを、また「教えること」と「考えさせること」とを、実際には二元論的ないし段階論的に位置づけたり、学校での教育課程の弾力的編成を「現場主義」として重視しながら、新たな研究開発学校の創設や「学力」の成果主義的査定などによって学校の個性化競争を助長するといった、改善の方針と具体的内容との間の乖離もある。これでは、「羊頭狗肉」である。

　これらの特徴や問題を持つ改訂学習指導要領の中で学級改編にかかわってとくに見過ごせないのは、以下の2つの局面である。

　1つは、「学力」と学びの種別化の掛け合わせによる「学習集団」の弾力的編成という局面である。

　中教審答申は、「改正」学校教育法に関連づけて[30]、「①基礎的・基本的な知識・技能の習得、②知識・技能を活用して課題を解決するために必要な思考力・判断力・表現力等、③学習意欲」を「学力」の要素として規定し、とくに②の活用力が課題であると指摘した。その背景には、PISA調査の結果がある。また全国一斉学力テストの、おそらくPISA型学力を視野に入れたB問題の結果がある。しかし、そこには、「キー・コンピテンシー」ならびにそれをベースにしたPISA調査の「リテラシー」が、疑いようもなくよいものだという前提がある。そし

てそのうえで、「活用力」が「基礎・基本」のうえに段階論的ないし二元論的に位置づけられている。したがって、「学力」はまずは二種別化される。さらに「発展的な内容を教えてはならないという趣旨ではなく、すべての子どもに共通に指導するべき事項ではないという趣旨」を徹底させるために、各教科における「……は扱わないものとする」という「はどめ規定」が削除された。そのため、これを重ねてみると、「学力」は三種別化されることとなる。「日本の学校教育は、……一部のエリート教育（リベラル・アーツの学力）と標準タイプの教育（PISA型学力）、そして下層向けの教育（伝統的な『読み書き算』の基礎学力）という三つの階層別の教育に分岐する危険性がある」[31]とそれ以前から予見されたとおりである。

　他方、学びの種別化にかかわっては、「繰り返し指導、学習内容の習熟の程度に応じた指導、児童の興味・関心等に応じた課題学習、補充的な学習や発展的な学習などの……個に応じた指導の充実」は現行と変わらないが、中でも繰り返しと習熟度別指導が重視されている。しかも、中教審答申は、測定が困難な「見えない学力」といわれてきた思考力・判断力・表現力の測定方法が開発されてきたと認めているのだから、そうだとすれば、ますますそれらは開発されてきた測定方法に回収される危険も生じることになる。「PISA型・B問題型の問題集を買いそろえて練習にはげむかもしれない」[32]事態の出来であり、「活用力」さえ習熟度別指導の対象になりかねないのである。さらに「総合的な学習の時間」で強調される「探究的な学習」を付け加えてみれば、こうして、「学力」と学びの種別化の相乗は、学級の枠をはずして「学習集団」を弾力的に多様に編成

することによって、必然的に上述の学級改編を具体化するものとならざるを得なくなるのである。

ところで、学級から「学習集団」の多様な弾力的編成を差し引くと、残るのは、それ以外の教科指導の時間であり、道徳の時間であり、特別活動である。ところが、これらには、道徳教育の強化という網が全体的にかけられることとなった。これが、2つめの局面である。

2006年教育基本法第2条に規定された教育の目標の重視にもとづいて、学習指導要領では、「道徳の時間を要として」、「道徳教育は、伝統と文化を尊重し、それらをはぐくんできた我が国と郷土を愛し、……公共の精神を尊び」などの新たな文言がその「総則」に加えられている。したがって、これは、政治的決定による道徳・内面の支配である。その具体化が、小学校低学年からの神話などの読み聞かせ、「我が国の伝統・文化」の随所での強調、全学年で『君が代』が歌えるようにする指導、「国際貢献」の新たな追加（中学校）などに現れていることはよく知られているとおりであるが、そればかりではなく、すべての教科でさきの「総則」の内容と関連づけを行うよう指示されている。つまり、教科の道徳主義化である。

また、道徳の時間では、たとえば、あいさつなどの基本的生活習慣、集団や社会のきまりの遵守、法やきまりの意義の理解と遵守や集団における役割と責任の遂行、日本人の自覚としての愛国心といった道徳的内容の強要、道徳教育推進教師を中心とした指導体制や授業公開による道徳時間のシステム化が謳われている。

さらに、特別活動では、中教審答申は「小1プロブレム・中

1ギャップ」を「自制心や規範意識の低下」「集団の不適応」ととらえ、「心」と「意識」に対しては生活習慣をしつけ、体験を重視し、社会的スキルを訓練することによって、「不適応」に対しては問われるべき質を不問にした生活や集団へのあてはめを迫る適応主義をトートロジー（同語反復）のように求めることによって、対処しようとする。これに応えて、学習指導要領は集団宿泊活動や職場体験活動を加え、学級活動などで「望ましい人間関係の育成」を道徳教育の一環として強調している。

このように、教科の道徳主義化をも含めて道徳的同一性への統制的な回収が顕著である。そしてそれは、そのことを担う実践基盤である学級集団を直接的ないし間接的に呪縛せざるを得なくなるのである。

学習指導要領自体は学級改編に明示的に言及しているわけではない。だが、学級改編という面からとらえ直すならば、さきに見た「教育改革」の改編方向がこのように教育課程上にまで具体化されている。逆にいえば、学習指導要領は、新教育基本法が必然的に予定する学級の制度性格の転換を学級編成行為から仕上げる教育課程装置となっているのである。

第4節　探究されてきた学級の意味

学級は、近代学校制度の成立以降ながらく意味付与されてきた家族主義的共同体秩序の確立を批判的に克服して、戦後から今日に至るまで学びと生活の民主的な共同化を追求する実践基盤としてとらえられてきた。しかもそれは、総じて、上述のような今日の改編方向とはまったく異質なものとして意味づけら

れてきた。

　しかしまた、そうした一般的な学級理解の細部に立ち入ってみると、内実は多様であり、対立的でさえあった。学級づくりと授業づくりという位相から見れば、最大の争点が、生活指導と教科指導との関係をどうとらえるか、つまり両者を相対的な独自性においてとらえるのか、それとも区別を踏まえた相互関連でとらえるのかにあることは、広く知られている。だが、逆に学級をどう理解するかという位相から見ると、この争点をも内に含んで問題はやや複雑な様相を呈した。

　それをごく簡潔に概括すれば、学級は学習集団であるとする理解が一方にあり、他方で学級は学習集団かつ生活集団であるとする理解がある、とまずは大別できるが、さらにそれぞれに分け入ってみると、前者と後者のいずれの場合にも理解の仕方に２通りがあると整理できる。学級とは何かを考える場合、どのような意味が探究されてきたかを踏まえることも、避けて通れない。そこで次に、探究されてきた意味の多様性についても見ておこう。

　まず「学習集団としての学級」という理解についてである。
　その１つは、教科指導と生活指導の実体視をさけて両者を機能的に統一するという文脈で、学級を言葉の正しい意味での学習集団にすることを目指し、そのためにそこに自治的集団づくりを統一的に位置づけるという理解がある。宮坂哲文の理解である。

　宮坂は、教育機能を実体視する危険を指摘し、教科と教科外という領域の固有の任務を認めながら、なお教科指導と生活指導（生活綴方的な意識変革を重点においた集団化の理念から子どもの行

動変革を主とする集団組織化への移行における)の統一を目指し、その文脈で「学級づくりとは、民主的で、集団としての凝集度の高い学習集団を育てるしごとをさしていわれる」とする。そして、「科学的認識と思考力を欠いた民主的集団は、もはや正しい意味での民主的でありつづけることが困難となるであろうし、民主的集団体制を欠いた科学的探究は認識発展の創造性において限界を示さざるをえなくなるであろう。この両者を統一的に形成していく集団こそが、ことばのただしい意味における『学習集団』といえる（傍点は原文）」ととらえるのである[33]。したがって、「すじのとおった教科指導によって科学的知識と能力を保障されない学習集団は真の学習集団とはなりえないし、学級集団づくりによって集団としての目的的統一性と凝集力と自由な集団思考過程とを保障されない学習集団も、また、真の学習集団とはいえない（傍点は原文）」[34]こととなる。宮坂にとって学級は、この意味で成立する学習集団なのである。

　これに対して、2つめは、教科学習集団としての学級という理解がある。

　たとえば、大西忠治は、「集団的に弱い学級が、学習のための集団として授業にとり組んでいるような場合では、その学習集団のとりくみは、むしろ学級つくりそのものをそこへ持ちこんでくるという形で行わざるを得ないような段階が（実践的には）あり得る（傍点は原文）」[35]と認める。しかし、学級は学習集団と生活集団の2つの「側面」を持つという理解に対して、大西は、「現在の日本の『学級』がいわゆる『生活集団』という役割と『学習集団』の役割との二重の役割を持っているのは、むしろ便宜的なものではないか（傍点は原文）」[36]と疑問を提出

する。そこには、「学習集団は教科の論理に支えられたものとして組織される」、「個別教科内容に対応した形態をやがて持ってくるようになるのが本当の姿ではないか」[37]とする教科学習集団への展望がある。もちろん、教科学習集団といえども、学級解体をただちに指しているのではない。教科にふさわしい学習集団の組織形態・活動形態・スタイル・機能を見通しているのである。このような展望のもとに、大西はまずは編成形式に着目して、「『学級』は、『学習のために』編成されている『学習集団』なのである」[38]と規定する。

しかし、この規定は、単に編成形式にのみとどまるものではない。なぜなら、少なくともそこには、①学級は本来学習のために編成された集団であるにもかかわらず、訓育に傾斜していった経緯があるし、②学習のために「編成」されたがために、訓育は「教え込む」という性格を強く持ったのであり、③学習のために編成されているにもかかわらず、訓育の教科化・教科指導の訓育化が行われたのだから、「『学級』は学習集団そのものにしあげていかなくてはならない」という認識がある[39]からである。その際、学習集団としてしあげられる学級とは、「『生活集団』に対応して『学習集団』として成立するような、そういう実体的な集団ではなくて、クラブ・部などのようなものを原型として考えられるような組織で、しかも『学級集団づくり』として現在実践化されているような集団活動が行われ得るような『生活集団』のようなものを基礎にして、そこからメンバーをひき出してきて、『学習』のための便宜、能率、個別科学を基礎においた教科的性格に従って『特殊的に』組織されるような集団（傍点は原文）」[40]が想定されているのである。

この論理は『学級集団づくり入門　第二版』にも引き継がれ、「教授＝学習過程は、教科（教材）研究、学習集団の指導、授業のコミュニケーションの指導という三つの側面をふくんでいる」[41]、「学習集団の形成から確立までの過程は、教授＝学習過程の一側面であり、教科内容の指導に規定されている過程である。それはそれぞれの教科のそれぞれの教材に応じてその一サイクルの過程をなしており、しいていえば、学習集団の分裂・形成・確立のサイクルは授業の一時間ごとにも対応しているのである。この意味では、学習集団は、自治的集団のように継続的、持続的に存在するものではなく、各教科の授業ごとに機能的に現れるものであり、一教材が終了するごとにその一サイクルを完成しなければならぬものなのである。この意味では、学習集団の形成から確立までの過程は、各教科の授業展開に応じてその様相を異にする」[42]ともいわれた。

　ただし、このような機能的ともいってよい学習集団理解は、だから学級を学級集団づくりの場に限定するというのではない。逆に、学級集団づくりはみずからをやめて学級外集団の構築を主要テーマにしていき、それによって学習のために編成された学習集団としての学級の本質を際だたせていくことを意味している[43]。

　このように見ると、以上の2つは、「学習集団としての学級」という理解では同一ではあっても、求める学習集団概念が生活指導機能をも含めた包括的な意味なのか、教科指導に限定された機能主義的意味なのかで相違しているといえる。

　次に、「学習集団かつ生活集団としての学級」という理解についてである。これにも2通りがある。

1つは、領域としての教科指導ならびに生活指導という独自性を踏まえて学級を「生活集団＋学習集団」ととらえ、これを主権者形成を目指す「国民」教育の教育的な基礎組織とみなす立場である。

　たとえば、小川太郎は、教科指導領域における学習集団と領域としての生活指導における生活集団との独自性を明確化しながら、「同年齢者の（異質の子どもを含む――引用者）互いに等質な学習集団である学級を単位として教授＝学習過程が行われるというのが、現代の学校の基本的な構造であるが、その学級は同時に学校活動の基礎集団として、学級・学校の生活と活動のための自治的な訓練の基礎の場をなしている」[44]ととらえる。そして、「同一年齢集団としての学級が、生活集団であるとともに学習集団であるべきだという原則は、……ひとしく基本的人権を保有する主権者としての国民の形成をめざす国民教育が、民主主義的な国民統一の教育的な基礎単位として同一年齢者の学級を必然的なものにするという根拠に立っている」[45]と強調し、「差別と隔離の教育」の現実と政策に対峙する。したがって、その際の学習集団は、宮坂的ではなく、教科指導の集団的単位として位置づけられている。しかし同時に、さきの大西忠治の学級理解に与するものではない。むしろ、批判的である[46]。

　2つは、これに対して、同一年齢の互いに異質な子どもたちに同一の教育課程を保障することを目的として編成された学級を基本組織（学級教授組織）としながら、陶冶と訓育の統一的実現を目指して学級を「生活集団⇆学習集団」ととらえる見解である。吉本均の理解である。

　吉本は、「原則的にいえば、『学級』という同一年齢の互いに

異質な子どもたちに同一の教育課程を習得させることを目的として編成されている『学級教授組織』を国民教育における基本的な組織形態として維持し、発展させなくてはならない」[47]とする。この限りでは、小川と同様の認識である。ところが、吉本は、教育過程を陶冶過程（知識・認識・技能などの形成）と訓育過程（意志・感情・性格・世界観などの形成）の二側面からとらえ、その相対的に独自な論理を究明し、そのうえで両者の統一的実現を主張する。ただしそれは、両者の折衷ではなく、認識の発展過程それ自体が、同時に子どもたち相互の集団的な過程であるという内的必然から理解されている。したがって、認識過程と集団過程の二元論でもないし、単なる「なかよし学習」やその形態の問題でもない。だが、もう一方、授業は教科外の集団づくりとの関連の中でこそ真に強固な集団性を追求しうる。そのため、教科内容に即した集団思考の組織化と学級集団づくりにおける連帯性の形成との緊張をはらんだ媒介的統一が、学習集団づくりの基本構図であるとする[48]。この点が、小川とは異なる。つまり、小川の場合は、学習集団と生活集団の相互関係は認めるものの、なお両者の独自性を際ただせる方向にあるのに対して、吉本の場合は両者の相互浸透をこそ重視するという立場にたっている。

　だからこそ、さきの基本構図は、必然的にその学級理解に反映され、「『学級』＝『学習集団』＝『自治的集団』が吉本たちの立場」という整理（大西による）に対しても、吉本は「わたしたちは自治的集団と学習集団との相対的独自性をみとめないままでまったく同質のものと考えているのではない。……むしろ、わたしたちは両者の相対的独自性をはっきりみとめなくてはな

らない。それだからこそ、そのうえで両者の相互依存、相互浸透的な関連のし方を追求しなければならないとしているのである。だから、自治的集団⇄学習集団というように表現されるのが、わたしたちの考え方をより明確に示すことになるように思われる」[49]というのである。そこには、「対立・分化から共感・統一へ」という主張がある。つまり、授業の中でも学級集団づくり的側面から子どもの間の分裂と対立を克服させるとともに、それと結んで、異質な他者との学び合いの中で個性的な意見を対話的に交流させて教科内容の習得に向けて統一させるという主張である。ただし、学級教授組織を原則にするといっても、内部に若干の柔軟性を認め、「統一的な目標が設定されることによって個の可能性が最大限に促進される教授学的『統一と分化』」[50]という観点をそこに含ませている（なお、吉本の学習集団論それ自体の詳しい検討は次章を参照されたい）。

　このように見ると、学級を学習集団かつ生活集団と理解する場合の問題の核心は、学習集団と生活集団の関係のありようをめぐる相違にあることは明らかである。そして、この相違は同時に、さきの「学習集団としての学級」理解の場合にも通底しているのである。

　探究されてきた学級の意味理解には、以上のような多様性と対立がある。だが、多様であり対立していても、いずれも憲法・1947年教育基本法制下での制度性格を前提としている点では共通しているのである。

　ところが今日、前節で見たように、日本の学級は、その制度性格そのものから変更されることとなった。制度としての学級が廃止されようとしているわけではないが、編成行為を介して

第5章　学級を問い直す　113

学級の制度性格が変更されているのである。総じていえば、そこには、ネオ・リベラリズムとネオ・ナショナリズムの浸透による二重の意味での学級の市民的公共空間の縮減ないし解体という問題が胚胎している。

したがってそれだけに、こうした傾向の補完を回避しようとするならば、今日、学級を学習集団と生活集団に峻別したり、学級を教科学習集団として機能主義的に理解したりするのではなく、年齢別編成を原則とする民主性を重視しながら、生活集団と学習集団の垣根をいっそう低くした相互環流の中で生活と学びにおいて他者と共同できる空間として、学級を位置づけておく必要があるだろう。というのは、もともと子どもの人格に学び用と生活用という便利な人格があるわけではないし、生活集団と学習集団は、教科と教科外という教育課程上の区別と混同される必要はないからである。しかも、生活を介在させて学ぶこと、学びから生活をひらくことの重要性からみれば、生活と学びを二項対立的にとらえるいわれもないからである。

しかし、学級を生活と学びの共同空間として単に位置づけるだけで、事が足りるというわけでもない。さらに問われるべきなのは、じつはその際の共同のかたちなのである。なぜなら、この点から見ると、ここで検討した従来の学級理解は、多様で対立的であるにもかかわらず、憲法・1947年教育基本法制下での制度性格を前提としている点で共通するばかりか、じつは「集団として凝集度の高い学習集団」であろうと、「学習集団の分裂・形成・確立のサイクル」であろうと、あるいは「国民統一の教育的な基礎単位」であろうと、「対立・分化から共感・統一へ」であろうと、いずれも子ども相互の差異を前提にしな

がらも、その差異を超えて最終的には同一性に収斂させるという点でも共通しているからである。そのため、差異は共同の中で越えられる対象としてのみとらえてよいかどうか。これが、共同のかたちを問う主たる論点として導かれるのである。

ただし、この論点の追究は、生活と学びにおいて他者と共同できる空間として学級を位置づけるという、さきに強調した文脈においてなのであって、学級の持つ共同的性格をすべて捨象する点では反「教育改革」的であるが、学級を「学力」獲得機能集団に特化してなお「多様性と選択制」の対象とする点では「教育改革」に親和的と特徴づけてよいような別の学級理解[51]とは異なる方向にある。

第5節　差異を含んだ多元的な共同のかたちの基盤としての学級

共同のかたちを問う場合、その光だけではなく陰をも同時に明らかにする必要がある。そうすることの方が、共同の輪郭が逆により浮き彫りにされうるからである。ここでは、深みにはまることは避けるが、共同体主義（コミュニタリアニズム）とコミュニケーション論の一部を手がかりにして、そのことを見ておこう。

共同体主義の代表の一人と目されるのは、M. J. サンデルである。サンデルは、現代のリベラリズムの起点にあたるJ. ロールズを批判して対抗視点を提起する。その内容は、思い切って要約すれば、おおよそ次の4点である[52]。

第一は、自我の理解に関してである。サンデルによれば、

ロールズのいう自我とは「負荷なき自我」であり、前もって固定化された境界を確固として持つ原子論的に孤立した自我をすでに抽象的に仮定してしまっているという。これに対して、サンデルは、「状況づけられた自我」を対置する。つまり、自我は共同体の物語の中に具体的に埋め込まれているというわけである。

　第二は、自我の複数性に関してである。ロールズの場合は、前もって与えられた原子論的自我を前提にしているので、社会連帯を目指しても、結局、自存的な自我の寄り集まりという意味での複数性となる。サンデルは、これとは異なり、間主観的な関係によって自我の中に多様な自我が生まれるという意味での複数性を重視する。そして、そこから複数の自我の反省的で熟慮的な統合が行われることを説くのである。

　第三は、共同体の概念についてである。サンデルは、私的利益を達成するために便宜的に協同するという「道具的」な共同体構想を拒否する。他方、愛情や心情の偶発的絆で結ばれるというロールズ的な「情緒的」な共同体構想も退ける。そして上のような意味で自我を構成する共同体という「構成的概念」を提起する。

　第四は、その際の共同体のありようである。共同体主義者に対する「全体主義」「不寛容」「権力の集中化」という批判に対して、サンデルは、全体主義への衝動は「自我の当惑」（孤立、混乱、欲求不満）から生まれ、不寛容が最も繁栄するのは生活の乱れ、伝統のゆるみからであると反論しながら、政治的共同体としてではなく、権力が分散された多元的で中間的な文化的共同体を示唆し、参加者の共同統治を措定するのである。

ごく粗い概括ではあるが、以上のような理解から学べるのは、人間内部の複数の自我の反省的で熟慮的な統合によってアイデンティティが形成され、それを可能にするのが共同体であること、また、共同体自体も全体的で一元的ではなく、中間的で多元的であり、参加民主主義的につくられるものであること、である。ちなみに、今日の「教育改革」をナショナリスティックな共同体主義とさきに特徴づけたが、この点から厳密にいえば、それは十分ナショナリスティックであるとはいえても、共同体主義ではないとさえいえるかもしれない。

　だが、反面では、自存的な人間の複数性の否定に急であるだけにかえって、個人が複数のコミュニティに参加することは承認されたとしても[53]、諸個人の複数性とそれにもとづく「契約」の世界が視野に入らなくなるという問題はある。また、「寛容」が全否定されているわけではないが、特定の「共通善」という共同体の徳への同化（文化的同一性志向）が、やはり「不寛容」を導きかねないという問題も生じる。ここに共同体主義の陰の部分を認めることができる。

　一方、コミュニティは文字通りコミュニケーションと不可分であるが、その際のコミュニケーションとは何か。その代表的論者であるJ.ハーバーマスの場合をごくかいつまんで見ておこう[54]。

　ハーバーマスは、近代的な啓蒙的理性に対する不信と批判に抗して、目的合理性とは異なるコミュニケーション的理性を提起し、理性の再生を行為論において求める。その際、ある目的を設定し、それを達成するにふさわしい手段を選んで、対象を操作・加工するという「成果志向」の行為に対して、自由で対

等な関係の中でお互いに状況を定義し合いながら合意を形成する「了解志向」の行為を対置させる。そして、後者をコミュニケーション的行為とするのである。

コミュニケーション的行為は、経済や行政などのシステムが肥大化して生活世界が侵食されていることに対して、生活世界を合理的に再生させる文脈で位置づけられているが、ハーバーマスによれば、それは次の3つの機能を持つという。「了解という機能的な局面においては、文化知の伝承と更新とに役立っている。また行為の調整という局面では、それは社会的統合と連帯の確立とに役立っている。最後に社会化という局面では、それは人格のアイデンティティの形成に役立っている」[55]。つまり、コミュニケーション的行為は、気分的一致や力による一致ではなく、相互に誠実に向かい合いながら合意を形成し真理を確定・共有する行為であるとともに、その相互行為にふさわしい規範を相互に承認し合う行為であり、しかもその中でアイデンティティが形成される行為というわけである。

これもまた粗いまとめ方ではあるが、こうした理解から、目的設定－手段選択－対象の戦略的な加工と操作という行為ではなく、互いに異質であるからこそ異質な意見が対等な関係の中で紡ぎ合わされて規範と真理が二重に合意される相互主体的行為という知見が学ばれる。したがって、共同は「ある」のではなく「つくる」ものであるという知見も学ばれる。それは、無条件に絶対視される共同や「しなければならない」型の強要される共同というとらえ方を超えるうえで、重要である。また、まず確固とした主体が形成されてその後に相互主体の関係行為が成立するというのではなく、相互主体の関係行為の中で主体

が形成されるという視点は、さきのサンデルが指摘するアイデンティティ形成とも通底して、人間は共同の中でこそ自己を確立していけることを示唆している。

だが、このコミュニケーション的行為論には同時に、理念的に先取りされた合意が結局のところ実際には同一性に回収されてしまうという問題がなおも残る。たしかに、差異化が進行するからこそ合意が追求され、その際の合意は価値観や感性までも含むものではないという点や[56]、差異を認めながらもコミュニケーションによる合意を前面にたててあえて理念化しようとする理論戦略[57]から見れば、差異が射程に入れられているとはいえる。しかし、理念化された同一性に向かって収束させていく意味合いで合意形成が強調されていること自体は、疑いようがない。これが、陰の部分である。「討議は合意が形成される過程であると同時に不合意が新たに創出されていく過程でもある。合意を形成していくことと不合意の在り処を顕在化していくことは矛盾しない」[58]と指摘される所以である。

共同体主義やコミュニケーション論をそれ自体として詳述するのがここでの主題ではもちろんないが、以上から導かれるのは、結局のところ、共同のかたちに必要なのは、規範や真理の二重の合意であり、個人が複数的に参加する中間的で多元的な共同体であり、その共同体をつくり、統治するということである。しかもその際、陰の部分に着目すれば、共同が同一性に回収されないためには、複数性を基底にするがゆえに生じる差異と不合意の承認をも併せて位置づけなければならないということなのである[59]。学級理解にとって示唆的なのは、このような差異を含んだ多元的な共同のかたちという視点であろう。

それは、理想にすぎないのであって現実的ではない、ととらえる必要はない。現実に進展しつつあるもう一つの学級理解だからである。実際に、授業にとどまらない多様な学びの紡ぎ合い、学級内外の「多様な共同のネットワーク」の創造、「市民的立場に立つ自治的公共性」の構築という構想[60]のもとに、共同的な活動と関係性が交差・交響するコミュニティの発展を軸にして学習集団の発展を見通し、生活現実や生活認識と切り結んだ学びなどの多様な共同活動を通して、抑圧的で競争的な関係性や学習状況を転換させることを展望し、学級での生活集団と学習集団の相互発展を目指そうとする試みがある[61]。あるいは、より学級を相対化して、「学級という枠を外す」という主張もある[62]。その際「学級という枠を外す」といっても、それは、学級を解体するのではなく、その意義を認めつつ、なお学級以外の基礎集団の広がりや総合的学習・少人数授業・習熟度別編成・単年度担任制・教科担任制などの状況や教師のパターナリズムの脱却から、また集団への参加や所属の意志決定の際の子どもの任意性の低さから、学級を唯一の単位とはしないことを意味している[63]。さらに、たとえば、習熟度別授業の批判的検討を中心にしながら、学級内での課題別・方法別のグルーピング、「水平的熟達化」につながる領域横断的な協働的な活動の連関と集団の多様な再編成、学級分割による学習集団の再編成、学年集団の小グループ化、厳密な意味での習熟形成段階での習熟度別学習集団の編成などの可能性を提示する試みもある[64]。加えて、特別なニーズを持つ子どもの視点から既成の学級秩序を相対化して、重層的なカリキュラムを含めた学びの場の複数構想や生活創造の重層的指導構想を提起するイ

ンクルージョン教育論もある[65]。

　実践的にも、たとえば、生活集団を自治的集団として発展させる一環として、従来の班活動にはない班独自の活動の多様な展開や、学級内クラブ活動や、しゃべり場の設定や、ホームとは区別されたチームの取り組みなどもある。あるいは、学習集団に関していえば、学習班には解消されない課題の自己選択による学習チーム編成、学級の枠を越えた学年総合学習でのチーム編成なども行われている。

　これらは、これまで探究されてきた学級の意味や今日の「教育改革」に見られる学級改編とは異なって、差異を含んだ多元的な共同のかたちの基盤として学級をとらえる多様なバリエーションであると概括できる。

　以上に、学級の「現代」への出立ちの一端があるといってよいであろう。

第6節　学級の「近代」から「現代」へ

　学級論は、本来、近代公教育論、現代学校論、教育政策論、カリキュラム論、教育的関係論、教育権論、子ども論、発達論、集団論、学び論、授業論、公共性論など多くの論点の交差において成立する。ここでは、教育実践レベルからではなく、主に制度、制度性格、探究されてきた意味という3つの位相から学級を論じてきた。

　冒頭で述べたように、常識的な時代区分として「近代」を明治期以降としてとらえるならば、近代制度史的には、等級制という課程主義の廃止による、年齢基準を内部に胚胎させた「団

体としての学級」が起点となり、次第に年齢基準を前面にして課程主義をそこに埋め込ませた「年齢別としての学級」が成立し、その中で学級規模が漸次縮小され、現在に至っているとまとめることができる。

　一方、制度性格から見れば、「近代」の学級は、1つには、古くからの家族主義的共同体秩序の確立基盤や皇国民錬成のための組織基盤、近年のネオ・ナショナリズム浸透のための受け皿、という一連の性格と、2つには、脱学習集団化という意味での解体の対象として学級をとらえる方向にありながら、なお現実には学級を学習集団の弾力的編成の一環としても位置づけるという、近年におけるネオ・リベラリズムの教育版である課程主義強化のための編成対象としての学級という性格と、3つには、憲法・1947年教育基本法にもとづいた、生活と学びの民主的共同化のための実践基盤という、今日でも一貫して求められている性格、との鼎立構造においてとらえることができる。

　さらに、独自に探究されてきた意味という局面から見れば、上の3つめの生活と学びの民主的共同化のための実践的基盤という性格を共通の前提としながらも、生活指導機能を含めた学習集団か教科指導に限定した機能主義的学習集団かという違いを内部に含めた「学習集団としての学級」理解と、「生活集団＋学習集団」か「生活集団⇄学習集団」かという違いを内包した「学習集団かつ生活集団としての学級」理解という二重の対立構造において特徴づけることができる。

　したがって、学級の「近代」とは、このような鼎立と対立が輻輳した矛盾構造においてとらえられる必要がある。しかし他方、学級の「近代」をこのように複雑な矛盾構造においてとら

えるにしても、制度性格の２つめを別にすれば、そこにはほぼ共通する特徴も認めることができる。つまり、子ども相互の差異を始めから認めない場合であれ、差異を認めることから出発する場合であれ、しかも両者のスタンスは正反対ではあっても、文化的同一性へ回収する基盤として学級が位置しているという点では共通しているのである。

　それゆえに、逆に「非同一的なるもの」をどのように承認しうるか。これが学級の「現代」への進展の一つの重要視点となるのである。ただし、「非同一性」のむやみな強調ないし「差異の承認」は、限りなく相対主義に陥ったり、学習集団の弾力的編成に与する危険を逆に生じさせる。そのため、年齢別編成を原則とする民主性を重視しながら、生活集団と学習集団の相互環流の中で、生活と学びにおいて他者と共同しうる空間として学級をとらえるという、複雑な矛盾構造を持つ学級の「近代」の中でもおそらくその到達点と思われる理解を継承する必要がある。そのうえでなお、それを共同のかたちにおいて限定的に否定して、「非同一性」ないし差異を含んだ多元的な共同のかたちの基盤として学級をとらえ返すことに、学級の「現代」への進展を見出すことができるように思われるのである。

まとめ　学級とは何か

　「みんな違って　みんないい」。教育の世界でもよく引き合いに出される、金子みすゞの詩「わたしと小鳥と鈴と」の中の最後の一行である。息苦しい世界の中で他者と違ってあたり前というメッセージとして受けとめればホッとする。だが、「違い」の肥大化は、市場原理主義を信奉する人間と社会にとっては大変好都合だが、個性化競争のもとでは自己責任・自己選択の世

界を拡大させ「生きづらさ」をつのらせる。他方、逆にこれを否定すると、「みんな同じでなければならない」になる。「同じ」であることに癒される場合があるかもしれない。しかし、「同じ」が声高に叫ばれたり既定の前提とされたりすると、何が同じなのか、どう同じなのかの問い直しはできにくくなる。これでは、国民国家を信奉する人々にとっては歓迎されるかもしれないが、「生きづらさ」は逆にいっそう増す。「現在」は、両者の併存状況にある。だから、いずれにしても生きづらい。どちらにも与しない別の世界をつくることが必要である。この点から、学級を問い直してみた。とくに、「近代」と「現代」という視座を設定してみた。

近代史といえば明治期以降とされ、現代史といえば第二次大戦後から、と時代区分されるのが普通である。しかし、思想史的にみれば、大根の輪切りのようにはいかない。

学級の「近代」は、一枚岩ではなく、複合構造で特徴づけられる。1つに、端から子どもを「同じ」世界に囲い込む装置として学級を位置づける理解がある。2つに、反面で「違い」を際だたせる一環として学級を相対化する理解もある。そして、両者は補完し合う場合もあれば、離反する場合もある。他方、3つに、「違い」を大切しながら最終的には「同じ」へと至らせる基盤としての学級理解もある。これらの重なりが、学級の「近代」である。これに対して、学級の「現代」とは、その3つめを引き受けながら、「違い」を最後まで相互承認することを含めた共同のかたちが多元的かつ多層的につくられる基盤という学級理解をさしあたっては意味している。そうした学級理解を現実化する学級づくりや授業づくりが求められている。

註

1) A. I. Pisknow und G. W. Worobjow (Hrsg.), *Methoden der pädagogishen Forschung*, Volk und Wissen, 1984, S. 35.
2) J. ハーバーマス著、三島憲一訳『近代—未完のプロジェクト』岩波現代文庫、2000年、8頁。

3) この点に関する個別・個人研究は多く、逐一紹介はしないが、多様なテーマを内に含めて近代教育を検討し直す比較的包括的な研究書としては、たとえば原聰介・宮寺晃夫・森田尚人・今井康雄編『近代教育思想を読みなおす』新曜社、1999年、小笠原道雄監修、坂越正樹・高橋勝・増渕幸男・田代尚弘編『近代教育の再構築』福村出版、2000年、増渕幸男・森田尚人編『現代教育学の地平―ポストモダニズムを超えて』南窓社、2001年、などがある。また、包括的とはいえないが、鈴木晶子編『これは教育学ではない―教育詩学探究』冬弓舎、2006年もある。
4) この視点は、もともとは、日本教育方法学会第17回大会（1981年）の課題研究「近代教育方法思想の再検討―再検討の視点を中心に」において吉本均が「『学級で教える』ことの『近代』と『現代』」というテーマで提案した内容に示唆を得ている。そこでは吉本は、教授学の「近代」と「現代」を考察する視点として、(1)「わかり易さ」の教授原理とは何か、(2)「教える」ことの「技術」とは何か、(3) 子どもの「自己活動」「発達」とは何か、(4) 授業にとって「集団」「学級」とは何か、(5)「内容の習得」か「力の陶冶」か、をあげた。その際、吉本は、思想史における「近代」と「現代」の区別を務台理作に学んでマルクス主義と実存主義の登場においてとらえ、これを前提にしている。なお、この吉本の「近代」と「現代」の関係把握を、「今」という概念を提出して批判したものに、安彦忠彦「『現代教育学』の基礎概念の素描―現代教育課程論の構築のために―(1)―」『名古屋大学教育学部紀要―教育科学―』第29巻、1982年度がある。
5) ハーバーマス、前掲『近代―未完のプロジェクト』参照。
6) この点を端的に指摘した最近のものとしては、次がある。野家啓一「現象学と社会批判」同責任編集『哲学の歴史 第10巻 危機の時代の哲学』中央公論新社、2008年、49-50頁参照。
7) 宮澤康人「教育思想の近代から現代へ」宮澤康人編著『三訂 近代の教育思想』放送大学教育振興会、2003年。そこでは、教育と教育思想の「近代」と「現代」をめぐる問題の所在と両者の錯綜した関係が、新教育の評価を例に論じられている。

8) 堀尾輝久『現代教育の思想と構造』岩波書店、1971年。宮澤は、同書はその時点では「現代的教育思想」との関係内容を必ずしも十分に明らかにはしてはいないし、それどころか「現代」を否定的にとらえこれを「近代」から断罪していると指摘する（宮澤、前掲書、176頁）。
9) 学級・学級教育の歴史研究に関しては、生活指導論、教育史学、教育行政学、教育制度論、教育社会学などの領域で多くの研究成果があるが、特定の観点と時期に限定した研究が多い。戦前・戦後にわたって学級の制度上の変遷をごく概観したものとしては、たとえば、橋本幸子「学級編制に関する一考察」日本教育行政学会編『学級編制の諸問題』教育開発研究所、1980年がある。
10) 教育史編纂会編『明治以降教育制度発達史 第3巻』龍吟社、1938年、110頁。
11)『宮坂哲文著作集 第3巻』明治図書出版、1975年、248頁。
12) 国立教育研究所『日本近代教育百年史 学校教育 (2)』教育研究振興会、1974年、140頁。
13) 佐藤秀夫「明治期における『学級』の成立過程」『教育』1970年6月号、国土社、22頁。なお、1886（明治19）年の「小学校ノ学科及其程度」（文部省令第8号）の解釈に関しては論争があったようである。詳しくは麻生千明「単級学校教授法の形成過程における第1次小学校令期の位置づけ」『弘前学院大学・弘前学院短期大学紀要』第16号、1980年参照。
14) 宮田丈夫「単級学校の成立過程とその学校編成史的意義」日本教育学会『教育学研究』第20巻第4号、1953年、68頁。
15) 高浦勝義「少人数指導と学力向上」『教育委員会月報』第54巻第3号、第一法規出版、2002年6月、4頁。柳治男『〈学級〉の歴史学―自明視された空間を疑う』講談社、2005年、143頁。
16) この間の事情については、笠間賢二「明治期における学級編成法―進級法との関連で」日本教育行政学会編『学級編制の諸問題』教育開発研究所、1980年に詳しい。
17) 文部省『学制百年史 資料編』ぎょうせい、1975年、119頁。
18) 国民教育社編纂部『教育関係法規』国民教育社、1947年、66

頁、73頁。
19) 橋本、前掲論文、153頁。
20) 教育史編纂会、前掲書、110頁。
21) 文部省、前掲書、119頁。
22) 城丸章夫著作集編集委員会編『城丸章夫著作集 第2巻 民主主義と教育』1992年、青木書店、219頁。
23) 「4年制尋常小学校の場合、3学級以下の学校、すなわち何らかの形で複式編制をとっている学校は、明治28年で80.8%、32年で74.6%と8割近くであり、そのうち単級学校は、28年で35.7%、32年で31.1%を占めている。また、3年制尋常小学校の場合では、明治28年から32年までの間、95%以上が2学級以下の学校で、うち単級学校が、28年で78.3%、32年で84.3%と大半を占めている」という算出もある。濱名陽子「わが国における『学級制』の成立と学級の実態の変化に関する研究」『教育社会学研究』第38集、1983年、150頁。
24) 詳しくは、拙稿「近代学級教授の原像と特質」稲越孝雄・岩垣攝・根本橘夫編著『学級集団の理論と実践—教育学と心理学の統合的発展をめざして』福村出版、1991年を参照されたい。
25) 青木一ほか編『現代教育学事典』労働旬報社、1988年、300頁。
26) 高浦、前掲論文、5頁。
27) 「級」と「組」という概念は、竹内常一が学級をとらえる際の枠組みとして提起した概念である。竹内によれば、「級」は課程主義に対応する教授−学習のための基礎集団であり、「組」は年齢主義に対応する訓育−生活指導のための基礎集団であるとする（竹内常一「『組』と『級』の関係を問う」『生活指導』1997年7月号、明治図書出版、5頁）。そして、日本の学級は、「組」として存続し続ける中で「級」が埋め込まれてきたが、さらに「級」が積極的に位置づけられる傾向を強めていると指摘する（竹内常一『教育を変える—暴力を越えて平和の地平へ』桜井書店、2000年、17-18頁）。ただし、竹内のいう「級」は、歴史的に転換された「級」の意味合いとは異なる。
28) 拙稿「学習指導要領の改訂方向と『参加と共同』の教育創

造」大阪教育文化センター『大阪の子どもと教育』第54号、2007年、同「どう変わったか―改訂学習指導要領の特徴と問題」杉山隆一・長瀬美子編著『保育指針改定と保育実践』明石書店、2009年参照。
29) OECD教育部門は、義務教育段階終了時の15歳を対象にして、社会参加や実生活の多様な場面で知識・技能をいかに活用できるかを世界的に調査する目的でPISA調査（生徒の学習到達度調査）を実施した。そこでは、「リテラシー」という概念が「読解」、「数学」、「自然科学」で用いられたが、「キー・コンピテンシー」は、これらを含んだ包括的なコンピテンシー（能力）の中で鍵となるものとしてDeSeCoによって定義された。その内容は、「相互作用的に道具を用いる」（言語・シンボル・テクストや、知識・情報や、技術、を相互作用的に用いる）、「異質な集団で交流する」（他人といい関係をつくる、協力する・チームで働く、争いを処理し解決する）、「自律的に活動する」（大きな展望の中で活動する、人生計画や個人的プロジェクトを設計し実行する、自らの権利・利害・限界・ニーズを表明する）というカテゴリーから成る。詳しくは、ドミニク・S・ライチェン、ローラ・H・サルガニク編著、立田慶裕監訳『キー・コンピテンシー』明石書店、2006年参照。
30)「改正」学校教育法第30条②では、次のように述べられている。「基礎的な知識及び技能を習得させるとともに、これらを活用して課題を解決するために必要な思考力、判断力、表現力その他の能力をはぐくみ、主体的に学習に取り組む態度を養うことに、特に意を用いなければならない」。
31) 佐藤学「リテラシー教育の現代的意義」日本教育方法学会編『教育方法36 リテラシーと授業改善』図書文化社、2007年、19頁。
32) 福田誠治『全国学力テストとPISA―いま学力が変わる―』アドバンテージサーバー、2007年、58頁。
33) 宮坂哲文『生活指導の基礎理論』誠信書房、1962年、163-170頁。
34) 宮坂哲文『学級経営入門』明治図書出版、1970年（5版）、

175-176 頁。
35) 大西忠治『学習集団の基礎理論』明治図書出版、1974 年（8 版）、13 頁。
36) 同上書、80 頁。
37) 同上書、17 頁。
38) 同上書、87 頁。
39) 同上書、97-100 頁。
40) 同上書、84 頁。
41) 全生研常任委員会『学級集団づくり入門　第二版』明治図書出版、1971 年、202 頁。
42) 同上書、211 頁。
43) 同上書、91-92 頁。
44) 小川太郎「学習集団をめぐる問題」日本教育方法学会編『教育方法 6 授業研究の課題と方法』明治図書出版、1974 年、143 頁。
45) 小川太郎「学習集団のアクチュアルな問題」砂沢喜代次編『全授研シリーズ 1 学習集団の思想と方法』明治図書出版、1976 年、29-30 頁。
46) 批判の中心は、生活集団に傾斜してきたという学級の日本的特質についての大西の理解、「学習集団としての学級」という大西の理解と生活集団としての学級を軽視する当時の教育政策との親和性などに対してである。詳しくは、小川、前掲「学習集団をめぐる問題」を参照されたい。
47) 吉本均『発問と集団思考の理論』明治図書出版、1977 年、167 頁。
48) 吉本均『授業と集団の理論』明治図書出版、1966 年参照。
49) 吉本、前掲『発問と集団思考の理論』、165 頁。
50) 吉本均『ドラマとしての授業の成立』明治図書出版、1982 年、181 頁。
51) 柳、前掲書、参照。
52) M. J. サンデル、菊池理夫訳『自由主義と正義の限界』三嶺書房、1992 年、xiii-xvi 頁、85-87 頁、101-103 頁、242-244 頁参照。サンデルの共同体論については、井上達夫『他者への自

由—公共性の哲学としてのリベラリズム』創文社、1999年、青木孝平『コミュニタリアニズムへ—家族・私的所有・国家の社会哲学』社会評論社、2002年、菊池理夫『現代のコミュニタリアニズムと「第三の道」』風行社、1999年も参照。

53) 菊池、同上書、26頁。

54) Jürgen Habermas, *Theorie des kommunikativen Handelns*, Band 1, Band 2, Vierte Auflage, Suhrkamp Verlag, 1987. (ユルゲン・ハーバーマス著、河上倫逸・藤沢賢一郎・丸山高司ほか訳『コミュニケイション的行為の理論』(上・中・下) 未來社、1990年)

55) *Ibid.*, Band 2, S. 208. (ハーバーマス、前掲『コミュニケイション的行為の理論』(下)、44頁)

56) 三島憲一「ハーバーマス」野家啓一責任編集『哲学の歴史 第10巻 危機の時代の哲学』中央公論新社、2008年、626-627頁、663頁参照。

57) 中岡成文『ハーバーマス—コミュニケーション行為』講談社、2003年、198-201頁参照。

58) 齋藤純一『公共性』岩波書店、2000年、36頁。

59) 中西は、「差異の承認」と「個人の選択」を含んだ共同のかたちを提起している。中西新太郎「共同の社会構想—その理念と現実」唯物論研究協会編『唯物論研究年誌 第3号 教育・共同・平等』青木書店、1998年。

60) 全生研常任委員会編著『子ども集団づくり入門』明治図書出版、2005年、61頁、113-146頁。194頁。

61) 同上書、59-61頁。

62) 船越勝・宮本誠貴・木村勝明・藤木祥史・谷尻治・植田一夫・浅井潤一郎編『共同グループを育てる—今こそ、集団づくり』クリエイツかもがわ、2002年。

63) 同上書、30-31頁、119頁。

64) 梅原利夫・小寺隆幸編著『習熟度別授業で学力は育つか』明石書店、2005年、125頁、174-177頁、200頁、210頁。

65) 湯浅恭正「インクルージョン教育の教育方法学的検討」日本教育方法学会編『教育方法34 現代の教育課程改革と授業論の

探究』図書文化社、2005年、113-119頁。

(付記)本稿は、平成18-20年度科学研究費補助金・基盤研究（C）「学級を基盤にした『学習の共同化モデル』の開発研究」（課題番号18530621、研究代表　湯浅恭正）の成果の一部である。また、拙稿「学級づくりと授業研究」（日本教育方法学会編『日本の授業研究― Lesson Study in Japan ―授業研究の方法と形態（下巻）』学文社、2009年）を一部分参考にしている。

第6章

子どもの参加と授業づくり
―学習集団論を手がかりにして―

第1節 あらためて問われる「参加と学習集団」

「子どもの権利に関する条約」が採択されて、昨年（2009〔平成21〕年）で20周年である。この条約によって、締約国にはこれを子どもにも広く知らせる義務、権利実現のための措置や進捗状況を報告する義務が課された。「憲章」や「宣言」ではなく、まさに条約の条約たる所以である。

子どもの最善の利益を考慮して、生存する権利から始まって子どもの権利を包括的かつ具体的に取り決めたこの条約については、これまでその評価にいくぶんの違いは見られた。たとえば、市民的な権利・自由の子どもへの拡大として見るのか、それとも、それにとどまらない子どもに固有の権利・自由として理解するのか、あるいは近代人権とは異なってより積極的に構成された現代的権利として位置づけるのかなどの違いである。

だが、違いはあったとしても、子どもの参加権が注目されてきた点はほぼ共通している。参加権の内容上の特徴は、条約に即して要約すれば、子どもは自分に影響するあらゆる事柄につ

いて自由に意見を表明できるし、聴き取られる権利を持っている（第12条）、また、様々な種類の情報や考えを求め、受け取り、伝える自由や、思想・良心などの自由の権利を持ち（第13条、14条）、さらに結社の自由や平和的な集会の自由の権利を持っている（第15条）、という点にある。おとなと子どもの区別の必要から第12条だけを重視する向きを別にすれば、総じて、これらは「文化的および芸術的生活に自由に参加する権利」（第31条）にとどまらず、「教育への権利」（第28条）をベースにしてなお、「意見表明権・聴聞権」と「表現・情報の自由権」と「結社の自由権」が結びついて全体として子どもの参加権を構成していると理解されてきたのである[1]。そのため、教育法などの分野にとどまらず、教育実践にかかわる分野でも、子どもの参加権が従来以上に積極的に位置づけられることで、新たな展望が理論的にも実践的にも開かれてきた[2]。

しかし、国連・子どもの権利委員会は、遅まきながら5年後にこの条約を批准した日本に対して、1998年に、参加権行使で子どもは困難に直面していること、そして激しい競争的な教育制度のストレスによって発達障害が生じていることに懸念を表明し、適切な措置をとるよう勧告した。2004年にも同じく、過度に競争的な性質を持つ教育制度ゆえに子どもの発達が阻害されていると懸念を表し、その緩和を目的にしたカリキュラムの見直しなどを勧告した。ところが、2度の勧告にもかかわらず、この「競争の教育」への問題指摘は、残念ながら政府によって事実上無視され続け、改善措置は何ひとつ取られずにきた。したがってまた、子どもの参加権を積極的に位置づける試みも黙止されてきた。それどころか、より正確にいえば、むし

ろ過度な競争がいっそう助長されてきたのである。

　もともと市場競争原理を至上とする考えが教育の世界でも本格的に用意されたのは、1980年代半ばからであるが、それ以降、学校の間、教師の間、子どもの間の個性化競争がはかられてきた。教育の「教」という文字は実質的には「競」に書き換えられてきたのである。とくに授業にかかわっては、それは、21世紀に入って、たとえば「わかる授業」の名のもとで実際には子どもを選別する習熟度別学習などに具体化されてきた。現在では、習熟や習熟形成の特質を踏まえることなく、なかば定型的実践として大手をふっているほどである。

　加えて、「情報公開」や「説明責任」や実証的な教育研究の声高な強調の中で、「競争の教育」に、従来の「『通達（命令）による統制』よりも、はるかに厳しい」[3]といわれる「目標設定と結果評価」の数値化という手法も導入されてきた。成果主義的手法は、所与の目標を前提にした結果評価なので、いきおい数値の方だけに関心を向けさせる。そのぶん目標や結果の質の吟味をなおざりにさせる。高い数値結果を生み出すために、教育の方法までもやみがたく統制する。こうして成果主義的手法は、学校をあたかも数値化信仰のカルト集団にするかのように、「競争の教育」を実務として強制する機能を果たすようになるのである。たとえば、都道府県・市町村にランクをつけ、行き着く先は学校・学級・子どもを序列化せざるを得ない、この間の全国一斉学力調査とそれへの対応は、その好例である。

　大阪府の場合を例にあげてみよう。学力調査の全国平均を下回った結果に対して知事が「このざまは何だ」と罵詈雑言を浴びせ、「人間は競争しないと勉強しない」という幻想を確信的

にふりまいたことは有名である。学びも人間も馬鹿にされたものである。学び観や人間観の貧しさをみずから露呈する言葉であるといってよいかもしれない。そのうえ、プロの教師であることを強調し、「三度、ぶざまな悪い結果を出すな」「目的のためには手段を選ぶな」と教育委員が研修会で校長たちを叱咤したことも知られている。これでは、教師の専門性が泣く。また、教育の目的もおとしめられる。そしてその結果、「全国平均正答率を上回る。無回答率『０』をめざす」と数値目標を掲げる中、大手進学塾を参入させ、授業で「百マス計算」や「ニンテンドーＤＳ」を使用させて黙従的な勉強を強いることが提起されている[4]。数値評価によって競争を強制して、教育方法までも統制する典型である。こうした施策は、かつて「テストあって教育なし」といわれたことの今日的バージョンといってよい。ある子どもは「どうして秋に返してもらうのを春にするの」と疑問を投げかけたという。まことに的を射た疑問である。

　このような全国的な学力調査は、2010年度から悉皆調査ではなく抽出調査となる。したがって、そのこと自体は当然歓迎されてしかるべきである。しかし、その中味は、都道府県別かつ小・中別で見れば中学校では70％を超えて実施する県もあるし[5]、抽出対象外でも学校設置者の希望によって調査利用が可能ともなっている。そのため、「競争の教育」という事態の大きな変更はあまり期待できそうにない。

　そればかりではない。今回改訂された学習指導要領の学力低下対応の内容も、「競争の教育」にいっそうの拍車をかける呼び水となっている。前章で触れたように、基礎的・基本的な知識・技能としての学力、知識・技能の活用力としての学力、青

天井の発展的な内容習得の結果としての学力、という三種別化が提示され、他方、習熟度別指導、繰り返し指導、興味・関心別課題学習などの学びの多種別化も相変わらず提起されている。これらを掛け合わせてみれば、活用力さえ習熟度別指導や繰り返し指導の対象となりかねない。これにさらに数値化の手法が加われば、ますます「競争の教育」の強制は勢いを増さざるを得なくなる。このままであれば、2度の勧告どころか、3度目の勧告内容も、想像にかたくないであろう。

　ところで、以上のように幾重にも強制されている「競争の教育」は、一見「科学的」「実証的」であるかのような装いをこらしながら、実際には教師に実務主義的な授業進行を余儀なくさせる。それは、たとえば、パッケージ化された単元計画・指導案に従い、できあいの教材ソフトやワークシートを使ったりして、子どものわかる・わからないには頓着せずに授業を定められた手順に沿って淡々とすすめていくこととして現れる。そして、意味の理解をともなわない、あるいは意味理解の修正・再生・表現をともなわない「できる」ことだけをひたすら追い求めていくことになる。子どもから見れば、学ぶ内容が自分にどのような意味や意義があるのかを問い直したり、教科内容や教材に対して疑問をはさんだりすることもできずに、また、互いの意見を絡み合わせて認識を深め合うこともできずに、ひたすらあてがわれた学習手順に従って黙従的勉強にいそしまなければならないことになる。その結果、たとえば「自分は努力してきたから『できる』。だから、『できない』者は努力していないからだ。それなのに、なんでそういう者に教えないといけないのか」と教師にくってかかるという例に見られるように、自

己責任型学習観さえ身につけさせる。これらは学びと授業の「貧困」というほかはない[6]。

　確かに「貧困」は、社会問題視されている経済的困窮を一般には指す。経済的困窮は深刻化し、その困窮を生活背景に持つ子どもに向き合う授業実践にも当然反映される。だが、「貧困」は経済的困窮であるとともに、それにとどまらない多くの「子どもたちの発達に刻み込まれた〈貧困〉」でもある。それは、「社会的存在として生きる権利を侵害する、〈経験〉の剥奪という社会的排除」といわれる[7]。だからこそ、授業実践に焦点をあててみれば、剥奪された経験を奪い返すために、「貧困」を学びの対象としこれを見抜く知性とこれに対峙して生きていく力を育てるばかりか、授業の共同創造に参加し、他者とかかわり合いながら学ぶ意味と喜びを存分に体得する経験を保障する必要がある。そのことは、たとえば点数をあげるための苦役としての勉強に追われ、そのストレスによって胃液をあげることで口臭を漂わせ、そのつらさを家庭でも学校でも「荒れ」という行動で突発的に表す子どもに見られるような実存的危機に対して、授業で応答する道なのでもある。

　子どもの権利条約から導かれつつもなお、進行中の「競争の教育」とそれによる授業と学びの貧困を授業実践レベルでただし、学びの意味と喜びの経験を保障することが、そして同時に子どもの学習観の自己再定義を促し、彼・彼女らの実存的要求に応えることが、いま、求められている。子どもの参加をあらためて積極的に位置づける理由は、ここにある。

　ところで、もともと競争は子ども相互のつながりを寸断し、敵対的な関係を醸成する。だから、一般には、競争に対峙しう

るのは、共同であると受けとめられている。そのため逆に、競争に対抗して参加を位置づけるのは、一見すれば、カテゴリー間違いのように理解されるかもしれない。だが、参加と共同を水と油のように二律背反としてとらえる必要はない。また、両者は単に上下関係にあるのでもない。参加は、他者との共同を通してその質を深めることができ、逆に、他者との共同は参加を介して実質化されるという相互関係にあるからである。したがって、子どもの参加といっても、それは、一人ひとりの個別参加にとどまるのではなく、他者との共同を内に含めないわけにはいかないのである。

　共同を内に含めた子どもの参加を重視した授業をどうつくるのか。これが、今日の授業づくりの課題である。とはいえ、他方で、それは何も今に始まったものではないことも確かである。権利条約よりももっと前から多くの教師によって広く取り組まれてきたからである。中でも学習集団論はその先駆であり、そうした課題にいち早く自覚的に迫り、多くの成果をあげてきた。そのためか、今日では学習集団論的な視点が逆に無自覚に語られたり、反対に自覚的に成果だけが絶対視される場合も見受けられる。そしてそのぶん、いずれの場合も学習集団論の、いまとなっては陰と思われる部分が見過ごされてしまうこともある。先駆であり、こうした状況が見られるだけに、あらためて学習集団論を位置づけ直しておかないわけにはいかない。しかも、学習集団論は「参加と共同」の授業創造の実践的視点を明らかにしてきたからこそ、その陰の部分の検討を含めた位置づけ直しは、一見回り道のようには見えるが、子どもの参加を軸とした授業づくりの今日的な視点を明らかにするうえで有効な近道

となるのである。

第2節　学習集団論における参加とは何か

　学習集団論と一言でいっても、多様な接近の仕方がある。たとえば、本格的な学習集団論の嚆矢である宮坂哲文、吉本均を中心とした研究グループ、大西忠治を始めとした全国生活指導研究協議会などのアプローチである。ここでは、その中でも吉本均の学習集団論を見ておくことにしたい。もっとも、吉本学習集団論といっても、いきなりそれを一括りでまとめることは難しい。なぜなら、そこには、時代の状況に対応した問題意識の変化と発展があるからである。この点を、吉本自身次のように特徴づけている。「以前から、わたしは、授業を『学習集団』として改造しなくてはならない、と主張し、実践してきました。……それは、端的にいえば、組織・形態論的なとらえ方から、身体論的な、ドラマ論的な学習集団論への発展だったと思います」[8]。これを参照して、扱われた主題に沿って吉本学習集団論をあえて3つの時期に区分すれば[9]、前期の組織論的な理解から、中期の教授行為の技術体系やドラマ論や指導案づくりの提起を経て、後期の場所・身体の強調への展開であると整理することができる。そこで、この軌跡の中で子どもの参加はどうとらえられていたのかを見ておこう。

1　組織的な要求・抵抗としての子どもの参加

　学習集団とは、いま盛んに提唱されているような、学級の枠を越えて様々に弾力的に編成された集団を意味するのではない。

かといって、ただ単に学級で和気藹々とみんなで学習する集団を指すのでもない。学習集団という概念には、それとは違って、固有の思想が込められてきた。その思想（および構図）が提起されるのが、前期においてである。

　子どもは「管理の対象」ではない。また「研究の対象」でもない。そうではなくて、「教育の対象」である。こうとらえる吉本は、子どもを教育する過程を、陶冶過程（知識・認識・技能などの形成——学力形成）と訓育過程（意志・感情・性格・世界観などの形成——人格形成）という２つの側面に区別し、それぞれが持つ相対的に独自な論理を明らかにしたうえで、なお両者の統一を主張した。つまり、一方では、進学中心のテスト主義体制によって断片的な知識のため込みに明け暮れる学習状況に対抗して、また、逆に生活経験をただ交流するだけだったり、生活経験を教科内容化したりすることを批判して、「生活」から「科学」にわたっていく主体的で探究的な思考活動を組織することに授業過程の論理と課題があるとした。そして他方では、管理主義・徳目主義・観念主義を批判して、共同的関係を子どもたちが自治的につくり出す過程において、分裂と差別の支配する学級に連帯性を確立させるとともに、そのことによって一人ひとりの主体性を形成することに訓育過程の論理を求めた。そしてそのうえで、いかに両者を授業の中で統一的に実現して、「教育の対象」である子どもを生活と学習の主人公にするかを問うたのである。

　しかし、その際の統一とは、両者の単純な足し算ではない。両者は別々にあるのではなく、一人ひとりの探究的な思考活動の過程それ自体が、じつは同時に子どもたち相互の集団的な過

程であるととらえられていたからである。学習が本来持っている共同的で対話的な性格への先駆的な着目であるといえる。そのため、それは、特定の学習形態を指すのではないし、ましてや単なる人間関係的な側面を重視する「なかよし学習」や「助け合い学習」を意味するのでもない。ところが他方で、その学習の共同的で対話的性格は、「朝やって夕べにできる」といった具合に突如として実現できるものでもない。だから、それを実現するために、教科外の学級集団づくりとの関係が不断に問われることとなる。こうした意味で、吉本は、教科内容に即した集団思考の組織化と学級集団づくりにおける連帯性の形成との区別を前提した統一を、学習集団という固有名で求めたのである[10]。

　ところで、この構図のもとに子どもの参加はどのようにとらえられたのか。それは、単に子どもの自主性を育てるための「方法」ではない。なぜなら、吉本にとって子どもの参加は、第一に、国家権力による教育支配と民衆統制ではなく、教育の民衆支配にもとづく「権利としての教育」思想を背景にしている、第二に、その際の「権利としての教育」の保障は、「子どもの生きる権利＝学習する権利の要求を強力に育てていくこと」として表れる、そして第三に、そうした学習権の保障は、「教育に対する主権者意識の具体的表現」であり集団の自治の本旨である「自主管理」を組織することに具体化される、という文脈でとらえられているからである[11]。ただし、「自主管理」といっても、教師の管理権を学級集団に委譲することが手続き化されると、かえって「自主管理」による子どもへの抑圧になりかねないと用心する。そのため、生活と学習の要求を組

織的に実現することに「自主管理」の根拠が求められることになる。このように、子どもの参加とは、近代公教育思想に支えられた学習権（発達権）の一環であり、主権者意識の具体的表現としての、学習要求の組織化に根づいた集団の自主管理にほかならないのである。

　では、そのような子どもの参加を促すとは、実践的にはどうすることなのか。吉本は、端的に「教師にとって抵抗にさえなるような集団的自主性をその教師みずからの手で育て上げる」[12]という。明らかに、ここには、教師の指導性と集団的自主性という二局面の交差が認められる。学習権実現としての主体的参加といえども、子どもの自然成長的な自発に委ねることではない。また、機械的な教え込みによって達成されるわけでもない。そのため、「伝える」でもなければ「助ける」でもなく、「組織する」教師の指導性が求められたのである。そして、その際の「組織する教師のリーダーシップというものは、教師の直接の指示から、相対的に独立した子どもたちの自主的・自治的活動の機関や組織（たとえば班やリーダーなど）を育てることを、それの重要な課題とすることになり、さらには授業への全員参加のし方や、発言規律、集団討議のし方などの確立を、それらの自治的機関の仕事として導きださせることにならねばならない」[13]といわれる。具体的には、たとえば「先生はわからん者をほっておかないか」「先生はあそこをごまかして前へすすんでいなかったか」「先生は研究不足から、あやふやなことを教えなかったか」「あそこがわからないから、もっと班で考えさせてくれ」「覚えろ、覚えろではなくて、わかるように教えてくれ」といったようにである[14]。しかし、それは、授業

第6章　子どもの参加と授業づくり

の方法や進行に対する抵抗にとどまるものではない。「教科内容にたいして、その科学性を改める仕事に、子どもたちが日常的に、批判的・改造的な授業の協力者としてあらわれる」[15]ことが強調されているからである。子どもたちのかかえるのっぴきならない生活現実から教科内容を問い直すという、今日あらためて求められなくてはならない内容次元への要求・抵抗としての参加を、当初から内に含めていたのである。

このように見ると、「教師にとって抵抗にさえなる集団的自主性」を班やリーダーという自治的機関を介して指導することで、授業の方法や進行だけではなく教科内容までをも問い直す授業の協力者を育てることに、子どもの参加権を保障することの論理と実践構図を求めたのが、前期であるといってよいだろう。それは、もはや「権利としての教育」にとどまらない「教育への権利」を授業の内容・方法にわたって集団的・組織的に行使する、いわば「授業における自治」の追求にほかならない。ただし、その際の集団的・組織的な要求・抵抗としての子どもの参加は、学びが本来要請する共同性と不可分に統合されているだけに、逆に学びが求める関係性を覆う方向に位置づけられるとももに、子どもの要求に根づくとはいえ比較的一元的な組織と行動（たとえば、生活班と学習班の一致、これにもとづく全員参加の仕方、発言の仕方、集団討議の仕方など）が前提にされているのである。

2 応答関係の質的発展としての参加

上に見たような学習集団の思想と構図を継承しながらも、さらに学級で教える行為の技術体系化を試み、ドラマ論をも媒介

にして指導案づくりにまで具体化した時期が、吉本学習集団論の中期である。とくに中期における参加理解は、教授行為の技術体系化の提唱に最もよく表れている。

教授行為の技術体系化の提唱は、1つは、教師の教えるという行為を個人的な「かん」や「こつ」ではない客観的な「技術」として具体的に確立する必要があるという問題意識による。いま1つは、教科内容研究をなおざりにした個々の手法を寄せ集めた操作主義に対する批判意識にもよる。しかし、そればかりではなく、より直接的には、いわゆる春田＝吉本論争[16]から吉本自らが導いた課題への自らの応答責任からでもある。

春田は、自治的集団と学習集団の集団性の違いを明確にとらえることなしに、授業でも自治的集団づくりをするとか集団を教えることを強調すると、教科指導本来の目的よりもいかに教え学ばせるかの方法技術の研究に傾斜するとともに、自治的集団づくりの位置と指導がぼやけると、吉本を批判した[17]。「授業における自治」の位置づけに対する批判である。これに対して、吉本は、自治的集団と学習集団との相対的独自性を前提にしたうえで、なお両者の相互浸透的な関係において学習集団の発展過程とそのすじみちをこそ積極的に明らかにすることが重要だとした[18]。こう主張する吉本にとって、だから、学級づくり的側面をも含めて、学習集団の指導過程を是が非でも体系的に示さなければならなかったのである[19]。そしてそれは、「応答し合う関係の質的発展とその指導」として具現化された。要約すれば、次のようにである[20]。

1）対面する関係の指導（話す－聞くという関係を教師と子どもから子どもの間へと発展させる）

2）うなずき合う（首をかしげる）関係の指導（話す－聞くものの間で、内容にかかわってうなずいたり、首をかしげたりして、最初の応答関係を成立させる）

3）「わからない」を出すことの指導（最初はリーダーを中心として「わからない」という要求を提出させ、次第に「わからない」子ども自身が要求する）

4）発問（説明・指示）による対立、分化とその指導（発問によって、子どもたちの中に対立した意見や分化した意見を引き出し、応答的な集団思考の契機をつくる）

5）「接続詞でかかわり合う」関係の指導（教師が「頂点」の子どもに問いただしたり、「底辺」の子どもの「つまずき」に味方したりすることで、「そのわけは」「もっとくわしくいうと」「だから」「でも、しかし」といった「接続詞」でつながる問答や討論を組織する）

　これは、「『応答し合う関係』を生活指導次元から、しだいに教科内容の能動的習得をめぐっての『応答関係』へと、その質的発展をつくりだしていく教師の教授行為の体系」といわれる。そして同時に「子どもたちは授業に対して、しだいに主体的参加の質を、いわば、ら旋的に高めていく（傍点は原文）」過程として特徴づけられた[21]。

　前期に比べて際だっているのは、次の点である。

　第一に、「応答し合う関係」という表現自体がすでに示しているように、班やリーダーの自治的機関を介した指導をなおも内在させているとはいえ、教師と子どもならびに子ども相互の関係性への着目がより強調されているという点である。この意味で、明らかに組織論から関係論への移行が認められる。した

がって、そこには、概念の自覚的使用は別にしても、「権利の承認や行使そのものが一定の『関係』を意味していること、そしてそうした『関係』を求めていくこともまた権利にほかならない」[22]といわれる関係論的参加権への着眼がすでに認められるといえるかもしれない。だが、関係論への移行は、生活指導的な側面は残しながらも、「授業における自治」に関してはこれを逆に積極的には位置づけないこと、そのため学びにふさわしい関係性にいっそう目を向けることをも意味している。これ以降、吉本が学習集団という概念の使用を意図的に回避するのは、その証である。

　第二に、応答関係が組織的行動ではなく関係行為の型として提示され、教師の指導性との対称的な関係においてとらえられているという点である。子どもの参加を指導技術化する点から見れば、行為の型を明らかにする方がわかりやすい。だから、主体的参加の質的発展が応答し合う関係行為の型として明示され、教授行為の技術体系とただちに等号で結ばれることになる。その際の指導性が、「伝達」や「援助」とは区別される、さきの「組織するリーダーシップ」の延長にあることは、いうまでもない。それは、子どもを管理統制する「管理主義の指導観」や、子どもの「自発性」についての無条件な楽天的信仰である「自発主義の指導観」、両者を折衷する「バランス論の指導観」の誤りを越えて、指導することで子どもの自己活動を成立させるという、「指導と自己活動のドラマ的統一」と言い換えられた[23]。そのため、一方で吉本は、子どもの参加とは本来「自分の責任と決意で、ある事柄に自分を賭け、それによって自己を解放し、実現するといったことを意味」[24]するともいい、実

存的な意味での自己決定的参加理解をもこの時期含意させては
いたのであるが、それをも含めて「生殺与奪」とまで特徴づけ
られる教師の指導の側に統一されることとなっているのである。

第三に、応答し合う関係の5つの相それぞれが、子ども相互
の「ちがい」（たとえば、対面する・しない、うなずく・うなずかない、
わかる・わからない、意見の対立・分化など）から出発するものと
して位置づけられている点である。班やリーダーなどの組織は前
提にされているとはいえ、子どもの間の差異や複数性への着目
が明らかに認められる。しかも、それらは各相ごとで統一され
るものとして構想されている。差異や複数性の承認が限りなく
相対主義に陥りやすい授業実践も実際にある今日の状況では、
こうした視点は再確認されてよい。しかし同時に、差異や複数
性は最終的には統一されうるのか、されるべきなのかという課
題も他方で生じる[25]。たとえば、教授行為の技術体系化より
もいくぶん前から、教材研究は授業の「わかりやすさ」を実現
する重たい教材、言い換えれば「底辺の子ども」の共感を呼ぶ
科学性と訓育性が統一された「よい教材」の研究といわれてい
た[26]。そのため、教授行為もそうした教師の先取りした教材研
究を前提にして意図的に対立・分化を呼び起こす発問になった
り、さらにその範囲内で接続語でかかわり合う問答や討論の指
導となる。そうだとすると、子どもの参加は、教科内容を問い
直すという方向よりも、教師が予定した答えに最終的には収斂
される学び合いへの参加にならざるを得なくなるのである。

このように見ると、中期では、子どもの参加は、差異への着
目も含めて関係行為論的に位置づけ直されながら、教師の技術
体系化された指導によってつねに再統一されていく構図として

描かれているとまとめることができよう。

3 「精神としての身体」的応答による参加

「『表情する』身体（個性）を生きている主体と主体とが、互いに、ことばを身に語りかけ、具体物で問いかけ、応答し合う相互作用（コミュニケーション）の場所をつくりだし、その過程をとおして、子どもたちが新しい発見・体験・表現にいたる『呼応のドラマ』を成立・発展させる『働きかけの技術（アート）』（art in action）として確立されなくてはならない」[27]。

これは、学習集団論の後期的思想の集約された表現である。発問を契機にした「接続詞」で応答し合うという局面は変わらないが、明らかに「身体」「場所」への着目が読み取れる。これが、後期の特徴である。したがって、子どもの参加もまたこの点から強調されることになるのである。

「身体」への着目は、すでに中期から抱懐されてはいた。たとえば、「参加」と「経験」を重ねて「たんに知的、観念的にではなく、身をもって、『からだをそなえた主体として、能動的に』物事にあたること」を「経験」の特質ととらえ、「学習参加をからだをそなえた主体として経験させなくてはならない」といわれていた[28]。さきの「応答し合う関係の質的発展とその指導」もそれをあらかじめ予定するものであった。しかし、時代は、不登校が増え続けている状況にあった。だから、それに授業実践から応えようとするとき、「身体」が「居場所」とともにより積極的に提唱されなければならなかったのである。

吉本は、「登校拒否」を「身体的自己としての子どもの頭と体、精神と肉体、主体と客体とが分裂しているのである。身

(心)を生きている子どもが、心と体との分裂を余儀なくさせられているのである。『心身一体』として実存し、体で思考し、表現するべき子どもが『身を引き裂かれ』ているのである」[29]ととらえる。そのため、安心感と存在感、存在証明と自己実現の実感が持てる、関係性による庇護空間としての「居場所」とともに、「まなざし」による「居場所」づくりの必要が提起されるのである[30]。その際、「まなざし」は、「眼」と区別されている。「まなざし」は、視力として測定される物理的身体ではなく、精神の表現であり、客観的対象ではなく、主体的現象だからであるという[31]。この意味での「まなざし」は、身体と精神を二元論的にとらえる知や近代サイエンスに疑義をとなえ、ペスタロッチの教育思想や生活綴方教育に内在していた身体的応答への着眼をすくい取ることから着目されているが、そればかりか、日常の教育実践で生起している「事象そのものへ」迫るという現象学的な接近から強調されている。そのため、「まなざしは、最初の、相互主体的な応答と交わりなのである。だから、われわれの教育実践の日常世界を、いつでもつねに、支配し、導いているものこそ、まなざしにほかならない」[32]といわれ、そこから教師の表情豊かで共感的な「まなざしで呼びかける」ことを授業成立の起点にすると主張されるのである。庇護空間としての「居場所」が子どもに実感されるのも、そのことによってである。

　このように説く吉本にとって、したがって、「学習主体とは、学習する身体のことであり、授業に参加するということは、まず子どもたちが、まなざしで対面し、表情する身体として応答するということ（傍点は原文）」[33]となる。身体（場所）論的な参

加理解である。

　ここでの「身体」とは、1970年代後半から指摘されつづけてきた子どもの「からだのおかしさ」（身体的危機）の問題でもなければ、単なる物理的身体でないことは、明らかである。それとは区別される「生ける身体」とか「精神としての身体」という現象を指している。だから、逆に「身体」という「精神」を、つまり子どもの内面世界を問うているといえる。それは、「身体」を強調することで一人ひとりの固有名詞を持った子どもの人間的実存のあり方を主題にしながら、中期で一部内在させていた実存的な意味での参加を身体論的により顕在化させていると特徴づけることができるものである。「学習集団の人間学」とまでいわれた所以である。ここに後期の参加理解の最大の特徴があるといえよう。だが、「身体」が「精神」であるだけに、「身体」的応答関係は、ときに「精神」への侵入にもなるという問題が残されることになる。また、「身体」は「精神」であるととらえることで、「活動としての身体」という側面が見過ごされることにもなる[34]。後期でも、問答し合う相互作用が一貫して重視されているのはその逆の証左であろう。

第3節　子どもの参加と授業づくりの視点

　学習集団論の軌跡の中で子どもの参加がどうとらえられ、位置づけられてきたのかを急いで検討した。再度の言及になるが、検討の対象は、すべての学習集団論ではないし、吉本学習集団論のすべてでもない。吉本学習集団論は多くの論点を含めているので、そのすべてをここで語るのは不可能である。ただし、

以上から見ると、学習集団論の軌跡は、「教育としての参加」から「権利としての参加」の方へではなく、「権利としての参加」から「教育としての参加」への軌跡であり、その内実は組織論的参加から関係論的参加を経て身体論的参加への深化であることはわかる。ところで問題は、その中でいずれを選択するかにあるというのではない。授業指導は、実際にはそれらを含んだ総体とならざるを得ないからである。しかし、各時期の検討で指摘した陰の部分を、今日どう引き取るのかは問われなければならないのである。この課題に多少とも応えるかたちで、授業づくりの視点を点描しておこう[35]。

1　子どもの声を聴き、意見表明につなげる

　学級づくりだけではなく、授業実践の中でも「精神としての身体」的応答は、意識するしないにかかわらず、日常的である。教師はたとえば「この子は表情が暗い。何かトラブルをかかえているのではないか」、「目が輝いているので、参加している」、「うなずいてくれた。だから、わかっているのだろう」といった具合に子どもの「身体」を見る。他方、そうとらえる教師もまた同時に子どもからまずは「身体」として見られている。ここに身体的な相互応答の日常的な展開がある。しかも、「人間は、その身体性のゆえに、個別的であると同時に共同的であり、その共同性は、身体相互の同型性と相補性に支えられている」[36]といわれる。たとえば表情を見ることが同時に見られることになるといった相補性、微笑みかけることで微笑み返すという同型性によって、身体性は現実に相互的であるというのである。そのため、「表情する身体」として交わり合う関係が着

目され、冷たい、暗い「まなざし」ではなく、明るく、活発で、やさしい「まなざし」が子どもの参加を促す指導論として重視されるのは至当である。もちろん、それは、単なるテクニカルな問題ではない。「顔はにこやかだけど、目は笑っていない」と象徴的にいわれるように、教師の子ども理解の反映だからである。

　しかし、身体的な相互応答はなるほど日常の中で繰り広げられているにしても、それが指導論として重視されればされるほど、避けて通れない問題が生じる。1つは、身体的な相互応答が独我の世界に吸収されかねないという問題である。身体的応答は、他者の表情から相手のこころを読み取る営みでもあるが、それは、つねに読み取る側の主観を離れてはあり得ない。それだけに、教師が子どもの身体を読むことは、フッサール流にいえば、つねに教師の経験の「類比」として、他者である子どもを読むことになりかねない[37)]。つまり、他者を理解しているつもりでも、それは自己の経験を読んでいることにほかならなくなるのである。たとえば、「うなずく」のはわかっているからと教師自身の経験から見ているだけであれば、わかっていないのにうなずいてしまうことが見過ごされるのである。この問題は、教師と子どもの間にとどまらない。子どもと子どもの間でも同様である。

　他者理解が見る側の独我の世界に回収される事態を超えるためには、「読み取り」だけではなく、「子どもの声を聴く」ことが重視されなければならないだろう。今日、その重要性はしばしば説かれている。だが、今に始まったことではなく、とくに生活指導論では以前から「子どもの声を聴く」ことを基底にす

べきだといわれてきた。つまり、「子どもの声を聴く」とは、①子どもを知る、②何をいっても聴いてくれるという安心感と信頼のある教師 - 子どもへと改造する、③子どもの疑問と要求を育てる、④自己表現の平等性を保障する子ども相互の関係へと改造する、⑤抑圧的条件を背負っている子どもの真実のこころを開く、といった仕事としてとらえられてきた[38]。こうした意味で、子どもの声は聴き取られなければならないのである。ただしその際、「聴く」は、実際には「生きづらさ」をかかえる子どもの心理的ケアや心的外傷の癒しだけにとどまったり、共依存関係の増幅だけになりやすい面もある。ともすれば陥りやすいそうした事態を打開するためには、さらにこの「聴く」を子どもの意見表明権の行使に結びつけていく必要がある。そうしたとき、癒しやケアだけにとどまらず、子どもの主体的で個性的な真実にもとづいた疑問と要求を育て、教師と子どもならびに子ども相互の関係を改造し、関係論的参加権をいっそう保障することができるのである。たとえば、授業で「わからない」ときに「ヘルプ」を求めたり授業進行に「ストップ」をかけるのも、教師の指導によって呼びおこされる関係行為の型というよりは、子どもの必要におのずから応じた意見表明権の行使として再定位させる必要がある。

2 多様な参加の仕方とアクティビティを介した参加をさぐる

身体的応答を指導論として重視するいま1つの問題は、「まなざし」が子どもへの抑圧となるという点にある。それは、子どもを萎縮させる冷たく厳しい管理主義の「まなざし」の場合だけではない。やさしくあたたかい受容的で共感的な「まなざ

し」の場合にもあてはまる。とくに、困難な生活現実を背負わされ多様な「生きづらさ」をかかえている子どものこころとからだの乖離を、同じ表情を交わす身体的応答に回収しかねないこともある。これでは、身体の同型性を求めることによる子どもへの抑圧である。あるいは「まなざし」によって保護された「居場所」をつくることは、「自分は保護される側であるとしか感じられないので、大人・教師からの期待を拒むのは困難になる」[39]。これでは、保護空間による子どもへのある種の暴力である。そのため、身体的な相互応答とそれによる「居場所」づくりが子どもの実存にとって一方で実際に大切であることは首肯しながら、他方でその両義性に注意して、多様な身体的応答のあり方＝参加の仕方があってもよいことを教室に広めることが不可欠となる。

　たとえば、反貧困の学びの中で教室が「居場所」になっている高校実践がある。「『うちはサラ金の取り立てが来てんで』（キクエ）、『うちもやで。でもうちはもっとすごいで。お父さんヤク中やねん。もう刑務所は出てるけどなぁ。行方不明やねん』（アユミ）などといった『貧困比べ』のような現象」が起こり、他の教師が「3年2組の生徒はよくここまで語りたくないことを語れるね」というほどである。担任は、「この背景には『このクラスでは何を言っても受け入れてもらえる』という安心感と『貧困は自己責任じゃない』という、学習で育ってきた社会認識があるのではないかと思う」と報告している。この実践は、自己責任型貧困理解を超える社会認識ばかりではなく、『ホームレス中学生』を読んで綴った互いの感想文を通しての異質な他者との共通性の発見、生徒会の放課後学習の活動など

を多様に重ねて「居場所」をつくっている実践である。その中でとくに注目すべきは、町で歩いていたら眉をひそめられる、そして暴力・いじめなどに日々出くわす生徒が、授業中、時には机の上に寝そべって学んでいたとしても、学級崩壊ととらえたりはしないと担任は語っていることである[40]。もちろん、机に寝そべってもよいというのではない。参加を身体的応答の同型性に求めないということを意味しているのである。逆に、そのような理解が「居場所」づくりの一助にもなっているのである。あるいは、ある研究会で紹介されたのだが、小学校では、不登校の子どもが唯一通える「居場所」を教室の後ろ隅に段ボールでつくり、そこからの授業参加を保障するという取り組みがあるという。これも同じく、参加の仕方の多様性に開く文脈に位置づけられよう。

　さらに、多様な参加の仕方を教室に広めるばかりではなく、参加型アクティビティを多彩に導入することも必要である。たとえば、この点では、開発教育の取り組みが示唆的である。もともと開発途上国へのNGOの支援活動を母体として発展したとされる開発教育は、「開発をめぐる様々な問題を理解し、望ましい開発のあり方を考え、共に生きることのできる公正な地球社会づくりに参加することをねらいとした教育活動」といわれ、「世界の文化の多様性を理解する」、「貧困や格差の現状を知り、その原因と構造を理解する」、「環境、人権、平和、ジェンダーなどの地球的諸課題の関連性を理解する」、「地球規模の諸課題が私たちとつながっていることを理解する」、「地球的な課題に……自ら参加できる意欲と能力を養う」ことを目標に掲げている[41]。見られるように参加それ自体がねらいなので、

そこでは同時に学びの方法も、「学習者が、単に受け手や聞き手としてではなく、その学習過程に自主的に協力的に参加することをめざす」参加型学習が提唱されている[42]。学校教育に限ったものではないが、その手法としては、たとえば「意見によって部屋の四隅に分かれる」(部屋の四隅)、「いろいろな選択肢に順位をつける」(ランキング)、「疑似体験を通じて考える」(シミュレーション)、「自分とちがう立場の人を演じてみる」(ロールプレイ)、「頭の中にあるものを絵にしてみる」(イメージマップ)、「ゲーム」などがある[43]。参加型学習は、学ぶ内容や方法が暗黙の前提にされると「支配としての参加」になる危険はあるが、少なくともこうした参加型アクティビティは、「精神としての身体」的応答としての参加を、共同的な身体的活動を介した参加へと転換するものとして位置づけることができる。つまり、「活動としての身体」である。あるいは、筆者の共同研究校の実践をあげれば、中学3年の漢文の授業で、「四面楚歌」の場面を一度声に出して読み、その状況を作図して互いの作図の違いを本文に戻りながら修正し合うといった取り組みも、同様の例である。このような「活動としての身体」は、授業を「話し合い症候群」にしないためにも求められる。

　身体的応答の日常とその人間存在にとっての必要は認めたうえで、なおそこに潜む問題を超えるために、このように参加の仕方の多様性と「活動としての身体」が構想されてよいであろう。

3　授業の制度文化を構築し直す

　子どもの声を聴き、それを意見表明に発展させる場合、表明

された意見は、たいていは一通りではない。そこから対話が必要となる。異なった意見があってこそ対話は成立するからである。そして対話によって多様な意見が紡ぎ合わされていくのである。ただし、その際の紡ぎ合いは、いつも同一に収束されてよいわけではない。時には不合意をも含んだ、互いの異質さを反映させた重層的な合意にならざるを得ないことがある。ならざるを得ないどころか、その方が、対話というものの性格にふさわしいといえる。授業ではそのことはとくに、制度文化のあらたな構築と知の共同探究という2つの局面で求められる。

　まず、子どもの意見表明を授業の制度文化の脱構築に具体化していくという局面である。とくに学びの内容・方法・形態・プロセスを予定調和的にお膳立てしておいたうえで、子どもの主体的参加をそこに囲い込んでいく授業の制度文化を崩しながら、新たな文化を共同で創り上げていくという局面である。そこには、少なくとも次の3つの相がある。

　1つは、学び合う関係のルールの確立という相である。とくに「生きづらさ」をかかえた特別なニーズを持つ子どもに対する特別ルールが相互承認されてよい。「困っている」子どもに学習班を越えて自由に「お助けマン」が駆けつけるルールづくりなどは、その一例である。あるいは、「いろいろな子どもが授業に参加できるようなルールを編み出した。多動な子の条件付の『たち歩く権利』を認めたり……」という取り組みもある。そこで子どもたちは「本当の平等って、1人ずつ違う人に、違うルールをつくったり応援したりすることやってんな。それがみんなを同じように大事にすることやってんや」と学んでいる[44]。こうした学び合う関係のルールは、「差異の承認」では

なく、差異を認め合うことの合意なのである。

2つは、学びの方法や組織の共同選択という相である。たとえば、調査・観察・フィールドワーク、聞き取り、ディベートなどの学びの方法を教師と子どもたちで共同して選ぶという実践がすでにしばしば展開されている。あるいは、学習班には解消されない、課題の自己選択による学習チームの編成とか、とくに「総合」で学級の枠を越えた学年授業の中でのチーム編成とか、少人数機械的分割授業でのあらたなグループ編成といった取り組みも多く見られる。こうした学びの小共同体の多層的な編成も、子どもたちとの合意の中で選択されてよいのである。

3つは、授業の進行・計画さえ合意形成の対象とするという相である。つまり、教師があらかじめ授業の進行・計画を指導案として綿密に構想し、実際の授業でそこに子どもの主体的参加を組み入れていくというのではなく、計画を立てることもまた授業の一部にするのである。とくにプロジェクト型授業は、この点で示唆的である。それは、教師と子どもたちとの間に確実にある落差を受けとめながら、教師の行為・態度・方法に対する子どもたちの自由な意見表明を導き、対話と討論によって制度上の関係を超えてあらたな関係を編み直し、学習経験上の落差に対しては、学びのテーマ・課題などにおける子どもたちとの共同決定や彼・彼女らの自己決定の指導に具体化しようとする。その中で、授業の進行・計画を共同決定すること自体までも授業と位置づけるのである[45]。

これらの相の重なりから、授業の制度文化の脱構築がはかられなければならないであろう。この局面こそ「授業における自治」ではないかと考えられるのである。

4　子どもが獲得する知を新たな意味世界に開く

　異質な意見の紡ぎ合いによる、不合意を含んだ合意は、知の共同探究というもう1つの局面においても求められる。

　すでに見たように、学習集団論は、子どもたちの多様な意見や解釈をめぐって「接続詞」をつかって問答・討論する授業を一貫して提唱してきた。そうした授業は、規範として強制される抽象的な学校知の伝達を批判的に超えて、学び合いを通して知識・技能の獲得と思考力・判断力などとの統一的形成を保障しようとするものである。その意義は、一方でドリルを強要し他方で活用力を強調する二元論や、習熟度別学習・発展的学習で学びの共同性を縮減する傾向が今日強まっているだけに、あらためて再確認されなければならない。

　だが、「対立・分化から共感・統一へ」と特徴づけられるそうした授業は、意見や解釈の差異を前提にしつつも、それをあらかじめ予定された同一の知に収斂する閉じられた過程になる面も見過ごすことはできない。対立の中にある共通性を発見したり、差異を際だたせながら問答と討論を通して教科内容を習得する過程は、確かに知の真理性を相互に確証する。だが、「真理の場所としての対話」論から示唆されるように、知の真理性は、相互に確証されることを基準とするだけではなく、対話によって生み出されもするのである[46]。その際とくに対話によって構築されるのは、生活現実や社会や世界の読みひらきと教科内容自体の問い直しとを相互還流させる中で生み出される、複数性を認めた新たな意味の世界である。

　たとえば、文学教育では、教師を読みの権威者にするような、何が書いてあるかを正しく読み取らせる読解主義（ことがら主義、

課題解決主義、イメージ主義、心情主義）ではなくて、子どもの持っている人間観・世界観を色濃く出して作中の人物や思想を評価する「出会い」、作中の人物や思想により深いところで出会うことで読者の人間観・世界観を揺さぶる「読み深め」、どのように揺さぶられたのかを出し合う「交流」という読みのサイクルを繰り返す中で、「文学を教える」でもなければ「文学で教える」のでもなく、「文学をみいだす」ような「語り合う文学教育」が主張されている[47]。自己と作品のつながりの複数性を認めてこれらを他者と交響させながら、なおそれぞれの意味世界を豊かにする[48]という例である。あるいは、さきに紹介した反貧困の学びでは、貧困は自己責任ではないという認識を分かち合いながら、生徒たちは自己の現実に立ち戻ってアルバイト先に異議申し立てをするまでにいたっている[49]。相互に確証した認識内容の、自己と社会の双方における行動論的な意味世界への編み直し（「社会参加に開かれた学習」）である。

　子どもが獲得する知のあり方をこのように意味世界に開くためには、教師の発問だけでは不可能である。なぜなら、発問は、唯一正解しか問いただされない質問とは区別されて、誤りやつまずきをも含んだ対立・分化を引き出す問いかけであるにしても、あまりに戦略的・操作的に過ぎるからである。子どもの意見や解釈は教師の発問内容に閉じられてしまうのである。発問転化型ではなくて、子ども一人ひとりの真実の問いを他者につなげ、他者と探究してみたい問いをめぐって対話しながら複数の問いを立ち上げてみることを意識的に指導する必要があろう。磁石の学習の中で、「ほうれん草は磁石につくか？」という子どもの疑問や、「ヒジキはつくはずだ！」という意見を取り上げて、

有機物を飛ばすために灰にしてからつけてみると、ヒジキは磁石にくっつくことを追求した授業もある[50]。

以上、学習集団論の検討から導かれる課題に迫る授業づくりの視点をあげた。これらの視点の織り重ねが、新たな学習集団指導の展望を、ひいては子どもの参加を軸とした授業づくりの展望を開く一助になるであろう。

―――― **まとめ　子どもの参加と授業づくり** ――――

「競争の教育」が、学びと授業の貧困化を招き、子どもの「参加」を押さえつけ、「共同」を寸断している。これを足もとからただす授業実践をどう創り出すことができるのか。これが、問われている。学習集団論は、その課題を解き明かす一つの手がかりになる。学習集団論は、子どもの「参加」と「共同」を重ねて授業づくりの構造と指導視点を明らかにしてきたからである。だから、いま、あらためて学習集団論に学ぶ必要がある。

けれども、その学び方は、過去の清算でないのはもちろんであるが、単純な再構築でもない。解体と再生いずれにも陥らずに、自明視されてきたものの相対化による「脱構築」でなければならない。学習集団論をどのように「脱構築」できるのか。その試みが、本章である。

学習集団論の射程は、身体的応答・参加から対話的応答・参加にいたるまで広い。ここではそれを主として「身体的参加」「自治的参加」「知的参加」の３つの局面から検討している。要点をまとめてみれば、１つは、身体的応答・参加に潜む危うさを意見表明と活動的な学びへと打開する、２つは、学習集団論が予定している授業システムの持つ啓蒙型文化を解体して「授業における自治」による新たな授業文化を構築する、３つは、「授業における自治」には解消されない学び合いを、同一の知に囲うのではなくて、意味世界の自己＝共同構築に転換する、という視点を提示している。そしてそれらを貫く視点として「複数性」や「差異の承認の合意」を位置づけている。これらは、「脱構築」の一つの仕方である。同時に、それは、第５章

で強調した学級理解の授業実践版でもある。

註

1）この点を端的に概括した最近の文献としては、木村元・小玉重夫・船橋一男『教育学をつかむ』有斐閣、2009年、227-228頁がある。
2）その主要と思われるもののいくつかをあげれば、たとえば、竹内は、参加と学習と自治の統一的把握による権利行使を、「①社会参加を基礎とし、社会参加に開かれた学習活動と自治活動」、「②その学習活動と自治活動の仕方を批判的に評価・総括し、新しい学習活動と自治活動の仕方をつくりだしていく批判的な学び方学習と自治的集団の自己指導」、「③学校自治・教育自治への参加」というレベルでとらえるとともに、対話と討論による生活と学びにおける自己選択権・自己指導権・自己評価権の保障を提起し、その詳細な実践的検討を行っている（竹内常一『学校の条件』青木書店、1994年）。

また、吉田は、学校知を超える学習課題づくり、テーマづくり、調査内容づくりなどの自らの実践から、「授業のなかの自治」を主に「学習内容の選択権」と「学習方法の自己決定権」に求め（吉田和子「『現代生活』を読む授業――『学校知』をこえる授業づくり」教育科学研究会「現代社会と教育」編集委員会編『現代社会と教育④ 知と学び』大月書店、1993年）、さらに「授業の中の自治像」を「当事者性重視を基本に少数・異質にこだわり他者を無化しない複数の当事者性の顕在化＝多様性と多様性保障と『直接参加』を軸とした人間の存在形態としての自治像」へと発展させている（吉田和子「学校参加と『授業の中の自治』」日本生活指導学会編『生活指導研究』No.13、1996年）。

一方、藤田は、子どもの参加を、おとなとの「共同決定」と審議・提案・発議権などを行使する「関与」に区別しつつも、いずれも学校の意志決定過程への参加としてとらえながら、子どもを教育過程の協力者として位置づけて教師の指導と子ど

の参加の統一的な把握を提起している（藤田昌士「子どもの学校参加と生活指導」日本生活指導学会編『生活指導研究』No. 11、1994年）。また、授業づくりにかかわっても、子どもの「学習内容の選択権」や「学習方法の自己決定権」を「共同決定」と「関与」の範疇に組み入れるとともに（藤田昌士「子どもの学校参加と授業」日本教育方法学会編『教育方法24　戦後教育方法研究を問い直す』明治図書出版、1995年）、実践事例を検討して授業計画や学習要求に応じた空間づくりへの参加も提起している（藤田昌士「教育課程編成・授業づくりにおける生徒参加とその意義」日本教育方法学会編『教育方法31　子ども参加の学校と授業改革』図書文化社、2002年）。

あるいは、田代は、権利を子どもに付与するように「参加のはしご」（ロジャー・ハート）を登らせるのではなく、子どもをエンパワーメントするためにおとなが考える子どもの最善の利益と権利上の弱者である子ども自身の考えとを「橋渡し」（メアリー・ジョン）するような共同（交渉）活動の必要を説いている（田代高章「子どもの権利とエンパワーメント」日本生活指導学会編『生活指導研究』No.16、1999年）。

さらに、船越は、「参加このよきもの」という考えに潜む「支配としての参加」の危険を指摘しながら、一方で「教育としての参加」が「閉ざされた参加」になりかねず、他方で「権利としての参加」が大人と子どもの権限の固有性の不明確化を招くとして、「権利としての参加の教育的組織化」を強調している（船越勝「子どもの参加と自治」八木英二・梅田修編『いま人権教育を問う』大月書店、1999年）。また、授業づくりにかかわっては、学びの転換を主題として授業進行、学習方法、教材、カリキュラムの各レベルでの参加の具体相に言及している（船越勝「子どもの権利としての参加と学びの転換」メトーデ研究会『学びのディスコース―共同創造の授業を求めて』八千代出版、1998年）。これらの比較検討は、本章の課題にはしないが、以下の論述ではこうした議論は参考にしている。

3）佐藤学「中教審『義務教育改革』の矛盾をつく」『クレスコ』2005年11月号、大月書店、7頁。

4）子どもと教育・文化を守る大阪府民会議発行・大阪教育文化センター編『あしたも学校へ行きたいな――競争よりもわかるよろこびを』2009年参照。
5）朝日新聞、2010年1月18日付朝刊。
6）「競争の教育」の展開と問題点については、拙稿「学力問題と学童保育」学童保育指導員専門性研究会編『学童保育研究』第10号、かもがわ出版、2009年でも同様の指摘をしている。
7）基調提案委員会「子どもの発達に刻み込まれている〈貧困〉と向き合い、生活指導の課題を明らかにしよう」『生活指導』2009年8月号、明治図書出版、84頁。
8）吉本均『教室の人間学――「教える」ことの知と技術』明治図書出版、1994年、2-3頁。
9）詳細な発展史の研究としては、藤原幸男「学習集団づくりを基底とした授業指導論の形成過程――1959～71年における吉本均の授業指導論の展開」『琉球大学教育学部紀要　第一部・第二部』第40集、1992年、同「学習集団づくりを基底とした授業指導論の形成過程（2）――1971年以降における吉本均の授業指導論の展開」『琉球大学教育学部紀要　第一部・第二部』第42集、1993年、がある。前期、中期、後期という区分は白石による。白石陽一・湯浅恭正「教授学の知と現代授業研究への問いかけ」『学級の教育力を生かす吉本均著作選集5』明治図書出版、2006年参照。
10）吉本均『授業と集団の理論』明治図書出版、1966年参照。
11）同上書、163-168頁。
12）吉本均『現代授業集団の構造』明治図書出版、1970年、51頁。
13）同上書、61-62頁。
14）吉本均『訓育的教授の理論』明治図書出版、1974年、85頁。
15）吉本均・広島県東城町立森小学校『集団思考の態度づくり』明治図書出版、1969年（3版）、242頁。
16）春田＝吉本論争とは、学校における教科と教科外の位置と役割をどうとらえるか、教科の授業が果たすべき主たる任務を何に求めるか、その際、陶冶と訓育という概念および両者の関係

をどうとらえるか、教科外自治的集団の集団性と学習集団における集団性をどう理解するか、教科・教科外における教師の指導性をどう位置づけるかなどの多岐にわたる論点で展開された論争であった。

17) 春田正治「吉本理論を検討する（1）」『生活指導』1975年12月号、明治図書出版、同「吉本理論を検討する（2）」『生活指導』1976年1月号参照。
18) 吉本均「学習集団の指導過程を」『生活指導』1976年3月号参照。
19) 久田敏彦・深澤広明「学級で教えることのドラマと技術」『学級の教育力を生かす吉本均著作選集3』明治図書出版、2006年参照。
20) 吉本均『学級で教えるということ』明治図書出版、1979年、27-34頁。
21) 同上書、35頁。
22) 木村・小玉・船橋、前掲書、230頁。
23) 吉本均『ドラマとしての授業の成立』明治図書出版、1982年、106-109頁。
24) 同上書、131頁。
25) 福田敦志・今井理恵・上森さくら「『学習の共同化』論の枠組みに関する検討―学習集団論・『学びの共同体論』を中心に」日本生活指導学会編『生活指導研究』No. 26、2009年、142頁でも、同様の指摘がなされている。
26) 吉本、前掲『訓育的教授の理論』、177頁。
27) 吉本、前掲『教室の人間学―「教える」ことの知と技術』、25頁。
28) 吉本、前掲『ドラマとしての授業の成立』、127頁。
29) 吉本、前掲『教室の人間学―「教える」ことの知と技術』、26頁。
30) 吉本均『授業観の変革―まなざしと語りかけと問いかけを』明治図書出版、1992年、14-19頁。
31) 同上書、17-19頁。
32) 同上書、19頁。

33）吉本、前掲『教室の人間学――教えることの知と技術』、31頁。
34）身体論的な授業実践論の別の展開については、藤原幸男「身体と学び――その実践史的検討」メトーデ研究会『学びのディスコース――共同創造の授業を求めて』八千代出版、1998年が参考になる。
35）基本的論点は、拙稿「学級づくりと授業研究」日本教育方法学会編『日本の授業研究――Lesson Study in Japan――授業研究の方法と形態（下巻）』学文社、2009年参照。
36）浜田寿美男編著『「私」というもののなりたち』ミネルヴァ書房、1992年、75-76頁。
37）フッサールは、「わたしは、他我の身体によって他我を意識」し、「他我の存在性格は、根源的に接することはできないが」、「他我は、わたし自身の類似者」として「類比」してとらえることができ、「他我は、現象学的には、わたしの自我の変様態としてあらわれ」、同様にして「他我はわたしの身体を、彼の知覚領域の中で見出すであろう」（フッサール著、船橋弘訳「デカルト的省察」細谷恒夫編『世界の名著51』中央公論社、1970年、304-323頁）という。この「相互主観性」は結局のところ、独我の世界から構成されているに過ぎない。
38）『宮坂哲文著作集Ⅰ』明治図書出版、1975年、115-118頁。
39）白石・湯浅、前掲「教授学の知と現代授業研究への問いかけ」、204頁。
40）嵯峨山聖「いじめと貧困を乗り越えて2（貧困編）」プリント資料。なお、ほぼ同様の記録は、『クレスコ』2009年4月号から連載されている。ここでは、大阪教育文化センター第4部会での嵯峨山の上記プリント資料による報告とインタビュー内容をもとにしている。
41）開発教育協会『開発教育ってなあに？』2004年、4頁。
42）開発教育協会『参加型学習で感じる』2003年、7頁。
43）同上書、参照。
44）新井琴「排除されがちな子どもと学校・授業」日本教育方法学会第45回大会シンポジウム（「現代の学校・授業における共同性（平等）の問題」）発表資料、2009年、5頁。

45) 詳しくは、H. グードヨンス著、久田敏彦監訳『行為する授業—授業のプロジェクト化をめざして』ミネルヴァ書房、2005年を参照されたい。
46) O.F.ボルノー著、西村皓・森田孝訳『真理の二重の顔』理想社、1978年、55-56頁。
47) 藤原和好『語り合う文学教育—子どもの中に文学が生まれる』三重大学出版会、2010年、32頁、68-69頁、82頁。
48) この点については、水野正朗「現代文学論を手がかりにしたテクスト解釈の共同性に関する一考察—他者との相互交流による主体的な読みをめざす国語の授業」日本教育方法学会紀要『教育方法学研究』第34巻、2009年も参考になる。
49) 嵯峨山、前掲プリント参照。
50) 三上周治「理科って楽しいよ！ やってみよう！」『理科教室』2006年12月号、星の環会刊、15頁。

あ と が き

「他の人間がその人の核心に触れ、そのため、かれのこれまでの生全体が、一切のくわだてや期待とともに投げすてられ、かれにとってまったくあたらしいなにものかがはじまる。このようなことが運命的に人をおそうときにのみ、本来的な意味で出合いについて語られるのである」（ボルノー著、峰島旭雄訳『実存哲学と教育学』理想社、1980 年、162 頁）といわれる。

本書の出版は、もとを辿れば、30 年以上も前の著者 3 名のこうした「出合い」をきっかけにしている。岩垣攝は千葉大学の教師としての、子安と久田は学部学生としての「出合い」である。

それは、思いがけずめぐり会う、知り合いになる、交際するなどといった辞書的な意味ではなく、子安と久田にとっては、教育方法学研究の世界の扉をたたくことがはじまった「出合い」である。2 人にとって、この「出合い」には心地よい重さがある。それ以来、大学院時代でも、大学に職を得てからも、直接間接に励まし援助し続けてもらってきた。だから、岩垣という教師は、わたしたちにとって、いまなお出合い続けている「恩師」なのである。その先生が、昨年千葉大学を定年退職することとなった。本書は、その退職を記念して、上梓したものである。

退職記念とはいえ、本書は、通り一遍の論文集として編集したものではない。

一つは、企画・章立て・内容にわたって幾度も検討会を開き、

そのたびに議論してきた経緯があるからである。ときには、岩垣研究室出身の教師の授業実践を互いに見合って検討もしてきた。

いま一つは、各自の問題関心によりながらも、従来のそして今日の授業の理論と実践を視野に入れていくばくかの問題提起を行うという趣旨をどの章にも込めてきたからである。とくに、「教える」ことがあらためて強調され、各種の「伝達」の授業が「教室」で繰り広げられようとしている状況があるだけに、それを超えていける授業を展望するという意図が、それぞれの章に通底している。

小著がどれほどの問題提起となっているかは、読者の判断に委ねざるを得ないが、授業を構想し実践する際の一助になれば、幸いである。

最後になったが、出版事情の厳しい中、本書の出版を快くお引き受けいただいた八千代出版の大野俊郎社長、ならびに校正の労をおとりいただいた御堂真志氏に感謝申し上げたい。

子安　潤
久田敏彦

執筆者略歴 (執筆順)

岩垣 攝(いわがき・おさむ)　　　　　　　　　　　　第1章
1943年生まれ
広島大学大学院教育学研究科博士課程単位取得退学
元千葉大学教育学部教授
主な著作
　「授業づくりの新たな方向を探る」(千葉大学教育学部研究紀要第
　　51巻、2003年)
　「学校教育の構造と教育方法学の課題」『教育方法の基礎と展開』
　　(共編、コレール社、1999年、所収)
　「戦後日本の授業における『指導』概念の検討」(千葉大学教育学
　　部研究紀要44巻Ⅰ：教育科学編、1996年)

子安 潤(こやす・じゅん)　　　　　第2章、第3章、第4章
1953年生まれ
広島大学大学院教育学研究科博士課程後期中退
愛知教育大学教授
主な著作
　『反・教育入門─教育課程のアンラーン(改訂版)』(白澤社、
　　2009年)
　『授業づくりで変える高校の教室1 社会』(共編著、明石書店、
　　2005年)
　『「学び」の学校』(ミネルヴァ書房、1999年)

久田敏彦(ひさだ・としひこ)　　　　　　　　第5章、第6章
1952年生まれ
広島大学大学院教育学研究科博士課程後期中退
大阪教育大学教授
主な著作
　『事例で学ぶ 「気になる」子どもへの呼びかけ』(共編著、せせ
　　らぎ出版、2009年)
　『日本の授業研究─ Lessen Study in Japan ─授業研究の方法と形
　　態(下巻)』(共著、学文社、2009年)
　『教育改革の国際比較』(共著、ミネルヴァ書房、2007年)

教室で教えるということ

2010年5月10日　第1版1刷発行
2013年3月15日　第1版2刷発行

著　者 ── 岩垣　攝・子安　潤・久田敏彦
発行者 ── 大野　俊郎
印刷所 ── ㈱誠 信 社
製本所 ── 渡邉製本㈱
発行所 ── 八千代出版株式会社
　　　　〒101-0061　東京都千代田区三崎町2-2-13
　　　　TEL　03-3262-0420
　　　　FAX　03-3237-0723
　　　　振　替　00190-4-168060

＊定価はカバーに表示してあります。
＊落丁・乱丁本はお取替えいたします。

ISBN 978-4-8429-1518-0　　　Ⓒ2010 Printed in Japan